Horst Stern Sterns Bemerkungen über Pferde

Horst Stern

Sterns Bemerkungen über Pferde

5., neubearbeitete Auflage

verlegt bei Kindler

5., neubearbeitete Auflage 1974

Redaktion: Werner Heilmann
Korrekturen: Margarete Maier
Umschlaggestaltung: H. Numberger
Reproduktionen: May & Co., Darmstadt
Druck- und Bindearbeiten: R. Oldenbourg, München
Printed in Germany
ISBN 3 463 00483 6

Inhalt

Daß etwas neu ist und daher gesagt werden sollte, merkt man erst, wenn man auf scharfen Widerspruch stößt oder auf genau gegenteilige Lehrmeinungen.

Konrad Lorenz
(»Vom Weltbild des Verhaltensforschers«)

Das Denken ist den Pferden zu überlassen. Sie haben den größeren Kopf.

Kavallerie-Weisheit

Wo bleibt das Positive?

Es wird gewiß niemand erwarten, daß ich mit meinen Bemerkungen über Pferde dem schmusigen Lobgesang auf diese Tiere, wie er in zunehmendem Maße Kalender und Bilderbücher füllt, eine weitere Strophe anhängen werde.
Ich kann der gängigen Etikettierung des Pferdes mit Gemütsmetaphern, wie zum Beispiel »treuester Kriegskamerad des Menschen«, nur einen sehr faden Geschmack abgewinnen, wenn ich bedenke, daß Pferde zu keiner Zeit freiwillig und mit einem patriotischen Liedlein auf den Lippen aufs Feld der menschlichen Ehre galoppierten, wo allein im letzten, nur halbwegs noch zu Pferd geführten Krieg (1870/71) über 15 000 Tiere starben, um nicht sogleich ehrlich zu schreiben: verreckten.
Ich kann nur resignierend zum Abschaltknopf am Radio oder Fernseher greifen, wenn ich, wieder einmal, den Kollegen Sportreporter vom »Kampf- und Siegeswillen« des mit der Nase im Rennen vornliegenden Vollbluthengstes berichten höre, während es doch auf jeder Gestütskoppel zu sehen ist, daß Hengste die einzigen Kämpfe, die sie ohne menschlichen Zwang austragen, ihre Rangordnungskämpfe nämlich, nicht im Renngalopp, sondern überwiegend am Ort steigend und, den Ringern ähnlich, auf der Grasmatte kniend absolvieren und daß der Sieger den schließlich flüchtenden Besiegten niemals ernsthaft verfolgt. Woher sollte ihnen also auf der Rennbahn der Wille zum Sieg kommen, wo doch nicht einmal diese Art von *Wett*-Kampf von ihrer Welt ist, sondern allein der des wettlustigen Menschen zugehört. Selbst der Menschenkumpan Windhund will auf der Rennbahn nicht siegen. Er will den elektrischen Hasen greifen.
Ich wundere mich auch, mit welcher Gläubigkeit selbst Fachleute, deren Pferdeverstand den meinen bei weitem übertrifft, die berühmte Legende kolportieren, das Springpferd *Halla* habe 1956 während der Reiterolympiade zu Stockholm quasi nach rückwärts-oben zu ihrem mit einer Leistenzerrung im Sattel sitzenden Reiter H. G. Winkler gesprochen: »Halt dich gut fest, Hans Günter, ich mach' das schon, ich weiß, es geht um Deutschland, um die Goldene!« Und habe dann ohne reiterliche Einwirkung allein gesiegt. Ein Blick auf das Wochenschau-Filmmaterial dagegen zeigt deutlich, daß der Reiter – obwohl vor Schmerzen das Gesicht verzerrend – zu keiner Zeit während dieser kritischen Sprünge die Zügelverbindung mit dem Pferdemaul aufgab und daß auch seine Gewichtshilfen nichts an Signalwirkung für das Pferd einbüßten, sondern nur einiges an der sonst bei Winkler gewohnten Eleganz. Daß also, mit einem zugespitzten Wort, die gute *Halla* bis auf den heutigen Tag von der Besonderheit dieses Rittes, der in der Reitliteratur als tierpsychologisches Wunder gilt, keine Ahnung hat.
Ich frage mich auch, wann die Autoren von Pferdebüchern wohl aufhören werden, immer dieselben anthropomorphen Pferdegeschichten voneinander abzuschreiben: die von *Eclipse* zum Beispiel, dem wohl berühmtesten Rennpferd aller Zeiten. Nach Meinung selbst moderner Autoren biß dieser Hengst, der im 18. Jahrhundert lebte, aus ehrgeizigem Siegeswillen nach jedem Konkurrenten, der ihm zu nahe kam.

Bei jeder Begegnung mit Artgenossen wird Aggression aktiviert, und Drohmimik ist unter Rudeltieren, ganz besonders im sozialen Spannungsfeld, wie es zwangsläufig auch unter den sich fremden Pferden eines Rennbahnrudels herrscht, weit verbreitet. Es kann sogar als Drohbeißen rein defensiv getönt sein, wie ich es in meinem Hundefilm (und Hundebuch) am Beispiel einer Wölfin eindrucksvoll zeigen konnte. Es ist eine schreckliche Vermenschlichung, am Drohgesicht von *Eclipse* den auf Sieg gerichteten »Ehrgeiz« des Athleten ablesen zu wollen, wie ich das bei H. H. Isenbart und anderen gedeutet fand. Echte Beißkämpfe unter Hengsten beginnen mit tiefgenommenem Kopf, unter schleichendem Umkreisen des Gegners überwiegend am Ort. In Rennpferden Verhaltensweisen zu sehen, die subjektiv auf die Interessen des Menschen gerichtet sind (eine Deutung, die der Wortgebrauch der Turfliteratur oft nahelegt), das heißt auch daran glauben, daß der Gesang der Vögel, der ja eine stark aggressive innerartliche Komponente hat, zur Erbauung des Menschen gedacht ist.
Oder die andere Geschichte von der nicht minder berühmten Vollblutstute *Kincsem,* von der die absurdesten Vermenschlichungen auch in Fachbüchern berichtet werden. Zum Beispiel, daß sie, als sie auf einem Bahntransport ihren Pfleger frieren sah, ihn selbstlos mit der eigenen Decke zudeckte, und zwar nicht zufällig einmal, sondern fortan immer. Auch F. Ch. de Beaulieu, doch ganz gewiß ein Pferdemann von hohen Graden, reicht diesen zeitgenössischen Unsinn unbesehen ans Zeitalter der Verhaltensforschung weiter, obwohl doch allein schon die Mechanik des Zudeckens, wie der Pferdeethologe Klaus Zeeb in einem im Zirkus Knie gedrehten Film zeigte, für ein Pferd nur über eine komplizierte Futterdressur erlernbar ist – vom Mitleid mit dem frierenden Pfleger nebst einem daraus resultierenden Samariterentschluß nicht zu reden. »Sie war ungeheuer eitel«, lese ich von dieser Stute in einem erst 1967 neu aufgelegten Buch, »aber doch alles in allem eine treue Seele.«
Pferdeleute in ihrer ganz überwiegenden Mehrheit nehmen solche unglaublichen Anthropomorphismen widerspruchslos hin, ja, ihre Anhäufung in einem Buch sichert oft genug schon dessen wohlwollende Aufnahme durch Leser und Fachkritik. Aber ein einziges öffentlich gesprochenes, negativ getöntes Wort über Pferde (das Adjektiv »dumm« etwa), in derselben vermenschlichenden Weise gebraucht, löst leidenschaftliche Proteste aus, die monatelang in den Gazetten nachhallen. Ich will nicht sagen, daß die Verleger von Pferdebüchern, die ihr Publikum nur zu gut kennen, auf gemütshaltigen, aber wissenschaftlich unsinnigen Dingen bestehen, jedenfalls drucken sie sie nur zu gern und ermahnen ihre Autoren, solchen auflagenträchtigen Zuckerguß ja nicht zu vernachlässigen. Ich habe bei dem Buch, das der Leser gerade in der Hand hält, aus Protest gegen den literarischen Edelkitsch rund ums Pferd das Foto ausgesucht, das man auf dem Titel dieses Buches sieht: einen Gaul, den sozusagen das große Gähnen ankommt angesichts seiner – nicht selten heuchlerischen – Verherrlichung durch den Menschen, und der, während er gähnt, ganz beiläufig den stark eisenhaltigen Zwangsmechanismus freilegt, den man »Hilfen« nennt.
»Hilfen« nennen die Reiter die Einwirkungen, die sie mittels Händen, Gesäßknochen und Schenkeln, verstärkt durch stählerne Gebisse, Hilfszügel, Sporen

und Peitschen, auf das Pferd ausüben, um ihm ihren Willen aufzuzwingen. Die Sprache ist ein Seismograph, der auch die feinsten Erschütterungen der Wahrheit noch anzeigt. Das Wort »Hilfen« mag hingehen, wenn man es als Synonym gebraucht für *Zeichensprache*, *Hilfs*-Mittel zur Überbrückung einer Kommunikationslücke zwischen Mensch und Pferd im Verbalen. Es wird aber in der Reitliteratur auch gebraucht als Ausdruck eines aktiven Stützkorsetts für das Gangwerk des Pferdes, eines Tieres immerhin, das die sexuell gefärbten versammelten Gangarten Trab, Travers und Galopp vermutlich schon übte, als wir ihm dabei noch von den Bäumen herab zuschauten.
Reiterlicher Irrtum, glaube ich, wird dort deutlich, wo er von der Zügel*hilfe* als dem »fünften Bein« des Pferdes bei Beinahe-Stürzen spricht: Das Pferd, nachdem es durch den auf seinem Rücken ins Schleudern geratenen menschlichen Rucksack von seinen eigenen vier Beinen gekommen ist, fängt sich wieder, indem es sich mit dem Maul am Gebißstück abstützt, das über die Zügelriemen ein Widerlager in den Fäusten des Reiters hat.
Das erinnert stark an den Baron Münchhausen, der sich samt Pferd an seinem Zopf eigenhändig aus dem Morast zog, denn, nicht wahr, die Zügelfäuste eines Reiters, die sich, wie für solche Situationen geraten wird, am unteren Mähnenkamm ein Widerlager verschaffen, machen die Schwerpunktverlagerung des Pferdekörpers nach vorn-unten zwangsläufig mit; von einem Widerlager, an dem ein stürzendes Pferd sich fangen könnte, kann physikalisch nicht die Rede sein. Der Reiter müßte ein solches Widerlager erst schaffen, etwa indem er mit den Zügeln heftig rückwärts wirkt, mit einem Wort: das Pferd brutal im Maul reißt. Roß und Reiter wiegen eine halbe Tonne und mehr. Wer wollte das, im Sturz, mit den Händen halten? Allein in seiner – *nicht* behinderten – Nase hat das Pferd bei Rumplern ein fünftes Bein.
R. H. Smythe, eine britische Veterinär-Autorität des *Royal College of Veterinary Surgeons*, der sich insbesondere mit der Augenforschung bei Tieren einen Namen machte, verurteilte deshalb – und auch aus der Kenntnis der Sehweise bei Pferden – die Praxis der *Grand-National*-Jockeis, sich im Absprung den Pferden behindernd ins Maul zu hängen, »in der Hoffnung, wie sie das nennen, das Pferd auf den Beinen zu halten.«
Seit ich mich mit dem Pferd beschäftige, erstaunt es mich immer wieder zu sehen, wie das Kentaurenhafte vieler Reiter, das ihre Stärke in der Pferdebeherrschung ist, zugleich auch ihre Schwäche in der Pferdebeobachtung ausmacht. Der Freiburger Verhaltensforscher Klaus Zeeb, der meine zuweilen ein wenig heftigen journalistischen Gänge freundschaftlich mit wissenschaftlichen halben Paraden zügelt, übertrifft mich in diesem Punkt freilich in der drastischen Formulierung: »Reiter«, hörte ich ihn sagen, »erkennen gemeinhin ein Pferd doch nur dann als Pferd, wenn ein Sattel draufliegt!«
Das hindert viele von ihnen aber nicht daran, die zoologische Spezies Pferd als eine Art von Privateigentum zu betrachten, in deren Belange sich niemand zu mischen hat, der nicht an mindestens fünf Tagen die Woche in Reithosen herumspaziert. In wie vielen Renn-, Spring- und Dressursätteln ich mich denn »bewährt« hätte, ließ ein Fachblatt einen pensionierten Landstallmeister mich nach

meiner Pferdesendung fragen. Und wenn nicht, so möchte ich, bittschön, meine Schreiberfinger »von unseren Pferden« lassen.

Sie fühlen sich als die elitären Hufsiegelbewahrer von *Equus caballus,* und sie sehen großzügig über die eine Million Jahre hinweg, die ein verhältnismäßig modernes Pferd in Nordamerika schon existierte, bevor unser Vetter *Australopithecus* sich vor 500000 Jahren oder so auch nur den aufrechten Gang angewöhnt hatte. Am langen Atem der Evolution gemessen dauert menschliche Reiterei allenfalls erst einen Seufzer lang. Was freilich vielen Hippologen für den unerschütterlichen Glauben hinreicht, der liebe Gott müsse wohl ein verdammt schlechter Reiter gewesen sein, wenn man sich bei den Hecks im Hellabrunner Zoo anschaue, was die Urpferde doch für miese kleine Gäule waren, bevor der Mensch sie genetisch auf Trab brachte.

Als man in einer großen Illustrierten druckte, daß ich mit nicht wenigen anderen Leuten das Turnierspringen für eine – vom Pferd her gesehen – artfremde, unnatürliche Sache halte, wurde von einer Reiterzeitschrift vom hohen Fachroß herunter gefragt, ob man denn nicht gleich das ganze Reiten in Frage stellen sollte, weil möglicherweise das »hochspezialisierte Fluchttier der Grassteppe«, wie Klaus Zeeb das Pferd nennt, auch zum Lastentragen nicht geschaffen sei. Da kann ich nur sagen: Genauso ist es. 5000 Jahre Reiterei und eine nicht viel weniger lange künstliche Selektion auf das Zuchtziel Reitpferd haben noch nicht zu bewirken vermocht, daß das Pferd den Menschen auf seinem Rücken als selbstverständlich akzeptiert.

Um das zu beweisen, muß man nicht an die greulichen Bilder erinnern, die die Naturreiter bieten, wenn sie ihre Jungpferde »einbrechen«; so heißt, glaube ich, der *Terminus technicus* bezeichnenderweise. Doch ist hier das Argument von der Halbwildheit dieser Tiere nicht ganz von der Hand zu weisen. Aber auch im Kulturpferd noch steckt die Urangst vor dem Raubtier auf seinem Rücken. Jahrhundertelange Zuchtbemühungen hin zu einem »guten Charakter«, wie wir beim Pferd eine Geisteshaltung zu nennen belieben, die sich uns widerstandslos unterwirft, haben diese Urangst nur sublimiert. Man muß sich nur einmal ansehen, mit welcher Delikatesse, die tiefere, tierpsychologische Gründe hat und nicht bloßes spanisches Dreispitzbrimborium ist, ein junges Musterexemplar von Kulturpferd, ein Lipizzaner, in der Wiener Hofreitschule an das Reitergewicht gewöhnt wird. Unter ständigem Streicheln, Klopfen und stimmlichem Beruhigen schieben zwei Bereiter einen sich steifmachenden dritten, den sie als Schwebebalken an Schultern und Füßen zwischen sich halten, von hinten ganz sacht über das Pferd und senken ihn zentimeterweise ab, auf den Sattel hinunter, stets darauf vorbereitet, den Pferderücken beim geringsten Anzeichen von Panik wieder zu entlasten. So geht das oft tagelang.

Und haben nicht fast alle Schwierigkeiten in der Reiterei ihre Ursache im widerstrebenden, sich nicht fügenden Pferderücken? Es ist das Thema Eins der Springreiter, daß die Pferde sich oft, in ängstlicher Vorbereitung auf den ihnen beim Landen ins Kreuz fliegenden Reiter, im Rücken nicht loslassen. Und es ist ebenso das Thema Eins der Dressurreiter, daß ihre Pferde oft, wie sie das nennen, »den Rücken nicht hergeben«. Und weil es nicht sehr elegant aussieht,

wenn ein Reitfrack in der Manier eines Mörserstößels auf dem verspannten Pferderücken herumhämmert, hört man neuerdings von muskelrelaxierenden Injektionen unter den Sattel, nicht lange vorm Einreiten ins Dressurviereck: negativ gerichtetes Doping, in Wirkung und Moral dem Sedativ verwandt, das heute streßgefährdete Schweine in bester Kotelettqualität dem Metzger überliefert.
Ernst Kühlbrandt, der bedeutende zeitgenössische Pferdemaler, hat eine instinktive Abneigung gegen Bilder, die den Menschen auf dem Pferderücken zeigen. Fast immer malt er das Pferd nackt. Ich ahne, welche Unvereinbarkeiten sich in seinem intuitiv-schöpferischen Raum stoßen: das zu den Horizonten strebende, horizontal gerichtete Fluchttier Pferd (von dem F. Chales de Beaulieu sagt, daß sein Raumbegriff nur dem Zugvogel vergleichbar sei) und der Aufrechtgeher Mensch, der den Ungehorsam gegen seine ihn himmelwärts, in die Vertikale ziehenden Gehirnwindungen mit üblen Gesäßschwielen bezahlt, sobald er sich in den Sattel begibt. Nicht von ungefähr ist das sogenannte Kreuzanziehen, das Mitgehen des senkrecht gerichteten menschlichen Gesäßes mit dem horizontal voranstürmenden Pferderücken, das Alpha und das Omega jeglicher Reiterei, das Kernstück jeder Reitanweisung, am schwersten mitteilbar und lehrbar von allem, was überhaupt am Reiten lehrbar ist. Die pädagogischen Bemühungen zu diesem Thema Kreuzanziehen reichen von der zotigen Reithallenmetapher vom Koitus durch einen die Partner trennenden Maschendrahtzaun über den Schraubenschlüssel, der senkrecht und also hoppelnd aufs laufende Band trifft, statt horizontal-synchron mit der Laufgeschwindigkeit des Bandes, bis hin zu diffizilen anatomisch-kinetischen Skizzenwerken, deren Kompliziertheit denkbar treffend illustriert, was ich meine: Der Mensch ist auf dem Rücken der Pferde bestenfalls Gast, doch benimmt er sich nicht selten darauf, als sei er dort zu Hause – nicht so sehr, wie es die Wörter *zu Hause* auch implizieren, sicher, als vielmehr zügellos. Leser dieses Buches natürlich ausgenommen.
Das Glück des Menschen auf dem Rücken dieser Tiere, von dem kein Pferdekalender, kein Vorwort zu einem Pferdebildband zu schwärmen versäumt, ist allenfalls seines, nicht das der Pferde.
Ich fing an, genauer hinzusehen, als mir gegen Ende der fünfziger Jahre das Buch Erich Glahns in die Hände fiel: »Reitkunst am Scheideweg.« Glahn, eine unbestrittene hippologische Autorität und Richter in vielen Konkurrenzen, malte 1956 schon, nach der Olympiade von Stockholm, den Ehrgeiz-Teufel an die Stallwand, in dessen pferdeverschleißendem Kreis sich die prominente Turnierreiterei heute endgültig dreht, allen Beschwörungsrufen der Hohenpriester dieses Sports zum Trotz.
Glahn schrieb im Anschluß an eine Betrachtung des schon erwähnten phänomenalen Winkler-Halla-Sieges: »Und wir, die wir dies sahen und miterlebten, die wir nach Jahrzehnten Reiterlebens mehr als die Jugend über den Weg nachzudenken verpflichtet sind, wohin dies alles gelenkt werden könne, waren dennoch nicht geneigt, die anderen Bilder zu vergessen, die uns diese Weltbesten, teilweise unter dem nämlichen Himmel (des Halla-Sieges) boten. Reiterliche Unreife und mangelnde Technik geben dem Menschen kein Recht, sogar in quälerischer Art mit stoßenden Hilfen und Marterinstrumenten von Gebissen und

Hilfszügeln, nur zur Befriedigung unsachlich gelenkten Ehrgeizes, im Sattel mit unzulässigen Mitteln zu arbeiten. Unsere Spitzenorganisationen sind längst und immer wieder gewarnt. Haben sie nicht gesehen, daß die internationale Reitkunst nicht nur in der großen Dressurprüfung und Military, sondern auch hier am Scheideweg steht?«

Seither sind 15 Jahre vergangen. Es ist gar keine Frage, daß die Spitzenreiterei, als sie nach Glahn am Scheideweg stand, sich – zugegeben mehr *nolens* als *volens* – für den Weg entschied, den der gesamte internationale Hochleistungssport seither ging: den rücksichtslosen, den Medaillenwahn kaum noch kaschierenden Weg der Ausbeutung von Mensch und Material.

Dummerweise ist das Material der Reiter ein Lebewesen.

Das schert aber, wie schon vor 15 Jahren, gerade viele der Weltbesten, denen ein Heer von Durchschnittsreitern nacheifert, offensichtlich am wenigsten. Nach der Weltmeisterschaft der Springreiter, 1970 in La Baule, las ich in der Fachzeitschrift *Reiter Revue* einen unscheinbar aufgemachten Bericht: »Ich sah«, so schrieb der französische Turnierbeobachter Jean Saint Fort-Paillard, »aber auch ganz besonders häßliche Dinge, wie noch nie zuvor bei einem Wettkampf auf dieser Ebene, auf der es dafür weder Entschuldigung noch Nachsicht gibt. Ich sah da einen Reiter, der bewußt das Maul seines eigenen Pferdes massakrierte, um es für die anderen (konkurrierenden Reiter, die nach dem Reglement untereinander die Pferde wechseln müssen) schwieriger zu machen; ein Vorgehen, das ebenso unreiterlich wie unsportlich ist.« Die Redaktion nannte in Klammern den Namen dieses Reiters: Graziano Mancinelli, Vizeweltmeister der Springreiter.

»Ich sah«, schrieb der Berichterstatter weiter, »einen anderen Reiter, der seinem Pferd nach dem Wassergraben einen brutalen Insterburger verpaßte (das ist ein mit aller Kraft nach oben durchgeführtes Zügelreißen – d. Verf.) – weil es an diesem Hindernis einen Fehler machte, der einzig und allein durch den Reiter verschuldet wurde.« Das Blatt nannte den Namen auch dieses Reiters: Harvey Smith, Dritter der Weltmeisterschaft.

Diese Brutalität wiederholte sich beim Aachener Turnier 1971. Der bullige Engländer riß sein von voraufgegangenen Prüfungen sichtlich ermüdetes Pferd *Evan Jones* im Nationenpreis-Springen nach einem fehlerhaften Durchgang mit der Springkandare (!) zweimal tief auf die Hinterhand nieder. Diese unbeherrschten Maulrisse des Weltmeisterschaftsdritten blieben erneut ohne Kommentar seitens der fachkundigen Fernsehkommentatoren und des Kampfgerichts. Der Richterturm schwieg auch, als ein ehrgeiziger Ungar sein Pferd, das den Hindernissen, für jeden Laien deutlich sichtbar, nicht gewachsen war, brutal in ein Gatter hineinritt, wo es schwer zu Fall kam. Als das Tier zitternd und einen verletzten Fuß hilflos wegstreckend endlich auf drei Beinen stand, tätschelte der Reiter ihm den Hals.

»Ich sah aber auch Umläufe«, so geht es weiter im Originaltext, »die ohne Zweifel von sportlichem Wert, die jedoch mehr Akrobatik als Reiten waren: Alwin Schockemöhle. Und dann las ich in der Presse, daß David Broome (der spätere Sieger und amtierende Weltmeister) zwei Tage auf die Teilnahme am Nationen-

preis verzichten mußte, weil das Maul seines Pferdes im Meisterschaftsfinale blutig gerissen worden war.«

»Das große Schweigen«, so schloß der einsame Bericht (eines Franzosen!), »mit welchem diese Dinge übergangen und gedeckt wurden, war jämmerlich.«

In derselben Ausgabe der *Reiter Revue,* die immerhin im hippologischen Schrifttum ein grauer Rabe ist, der durchaus schon mal einer Standeskrähe nach dem Monokel hackt, las ich (wenn freilich auch im kommentarlosen Nachrichtenstil), daß just jene, die dazu berufen gewesen wären, das große jämmerliche Schweigen nach La Baule zu brechen, nämlich mehrere deutsche Sportredakteure großer und größter Zeitungen, von der Deutschen Reiterlichen Vereinigung eine Plakette an die Brust geheftet bekommen hatten, in Würdigung ihres nimmermüden Einsatzes für das Pferd. Wann? Na, wann wohl: am Tag des Pferdes.

Da setzte ich mich an die Schreibmaschine und hängte die Misere des modernen Turnierpferdes endlich an die große Glocke des Hamburger *stern.*
Ich verhehle nicht, daß dies eine Anhäufung vorwiegend negativer Fakten ist, aber starren uns nicht die positiven seit vielen Jahren schon mit derselben Einseitigkeit der Auswahl aus der von Fachleuten für den deutschen Hausgebrauch gemachten hippologischen Literatur entgegen? Es ist an der Zeit, meine ich, endlich einmal vor einer breiten, weithin ahnungslosen Öffentlichkeit die schönrednerischen weichen Bandagen von den malträtierten Pferdebeinen zu nehmen, damit man das Dröhnen der Knochen hört.
Dabei bin ich nicht naiv genug, das Pferd in den Naturschutzpark zu wünschen, »zu Grzimek in den Zoo«, wie ein Fachblatt mich – an meinen Texten vorbei – interpretierte. Weniges ist mir mehr zuwider als die zeitfremde Franziskus-Attitüde extremer Tierschützer. In meinem Rinderfilm hieß es zum Thema Stierkampf: »Ich bin kein Freund des Stierkampfes, schon gar nicht seiner modernen, ins Schaugeschäft absinkenden Variante. Ich bin aber auch kein Freund des nutzlosen, nicht zu Ende gedachten Protestes. Man muß wissen, was man haben will. Den mutigen, den kämpferischen spanischen Stier, der als letztes Hausrind das Bild und die geistigen Merkmale des Auerochsen bewahrt, kann man nur haben, wenn man auch den Stierkampf toleriert. Und das ist denn auch die eigentliche Tragik des spanischen Stiers: Geht es weiterhin nach denen, die ihn in der Arena bekämpft sehen wollen, dann stirbt er den Tod als Individuum. Ginge es aber nach denen, die ihm diesen Tod durch Tierschutzgesetze ersparen wollen, dann stirbt er den Tod als Rasse. Man würde ihn nicht mehr rein züchten. Wir hätten eine geistig dumpfe Fleischrasse mehr. Die Sache des spanischen Stiers will nüchtern und leidenschaftslos bedacht sein, wenn dieses herrliche Tier nicht ausgerechnet an der Tierliebe zugrunde gehen soll, die als Alternative zum Degen des Matadors letzten Endes nichts anderes zu bieten hat als das Messer des Metzgers.«
Fast alles davon paßt auch auf die Situation des Pferdes in unserer Leistungs- und Industriegesellschaft: Tierliebe allein verschafft ihm keinen Raum unter uns. Das Pferd von heute – ich sagte es in meinem Film schon – lebt entweder als Sportgerät des Menschen, oder es lebt tatsächlich nur noch im Zoo. Es ist absurd zu unterstellen, ich sähe in jedem Pferdesprung »eine ekelhafte Vergewaltigung«, wie ich das las. Aber es mehren sich die Sprünge, die tatsächlich nichts anderes mehr sind als die ekelhafteste Vergewaltigung der Instinktkreatur Pferd durch das Geisteswesen Mensch.
Wir werden sehen.

»Kamerad« Pferd *

In der Steinzeit, lange bevor der Mensch das Pferd vor seinen Karren spannte, da jagte er es. Neben dem Auerochsen malten die Jäger auch das Beutetier Pferd an die Höhlenwand – beschwörend, sagen die einen; appetitanregend, sagen die andern.

Sehr viel später erst, 3000 Jahre vor Christus, kam der Mensch darauf, daß es bequemer ist, die Beute zu züchten, statt ihr jagend hinterdreinzulaufen. Also wanderte er als Nomade mit den Herden und gewöhnte die Tiere an sein schreckliches, weil nacktes Gesicht.

** Die Bilddarstellungen dieses Geschichtskapitels sind zum Teil in ihrer Zeitbezogenheit weniger dokumentarisch als illustrativ.*

Die Muttertiere schonte er. Den Widerstand der Hengste brach er mit Gewalt. Nach tausend Jahren Zuckerbrot und Peitsche ist Kamerad Pferd geboren. Die Geschichte kann losgehen.

Sie fällt sogleich in rasenden Galopp. Zweitausend Jahre vor der Zeitenwende kommt das abgerichtete Pferd vor den Kriegswagen der Indogermanen und Semiten aus den eurasischen Ländern zwischen Ungarn und der Mandschurei in den Westen.

Noch sind Steigbügel und Sattel nicht erfunden. Bei Homer fahren die griechischen Helden morgens mit dem Wagen zur blutigen Arbeit nach Troja.

Die erste Darstellung eines reitenden Menschen stammt aus dem Ägypten des 17. Jahrhunderts vor Christus. Doch die neue hochgemute Mode breitet sich aus.

Von nun an gilt: Wer reitet, ist ein Herr, wer zu Fuß geht, ein Knecht. Das war in Persepolis nicht anders als in Potsdam. Und überhaupt hätte ohne das Pferd die Geschichte dieser 4000 Jahre, wie wir sie kennen, nicht stattgefunden.

Das biblische Babylon kannte schon das Pferd. Zu Fuß hätten also die Preußen des Zweistromlandes, die Assyrer, gegen die Kriegswagen der Babylonier keine Chance gehabt. Nur als bewegliche Reiter konnten sie siegen.

Der persische Großkönig Kyros ließ jeden seiner Reiter, den er zu Fuß antraf, auspeitschen. So ritten die Perser besser als die Assyrer und errichteten ihr Weltreich.

Aber dieses persische Reich geriet unter die Hufe der makedonischen Heere, an deren Spitze Alexander der Große ritt.

Darius, der Perser (dreidreidrei: bei Issos Keilerei) rang die Hände.

Hannibals Sieg bei Cannae über die Römer war ein Sieg der Reiter über die Fußgänger, und so machte Cäsar seine Römer vermehrt beritten.

Attila, dessen Hunnen sich mit Pferdefellen bekleideten und bei Durst eine Pferdeader öffneten, um daraus zu trinken, dieser Attila hätte ohne Pferd nie erfahren, warum es am Rhein so schön ist. Zu Fuß, sagt ein zeitgenössischer Chronist, habe er ausgesehen wie ein Schwan an Land.

Und wäre Muhámmed nicht Pferdezüchter gewesen, sondern nur Prophet – mit dem Kamel hätte er die Wüsten Arabiens niemals verlassen. Er wurde der Begründer der arabischen Pferdezucht.

Daß die Mauren dann über die Pyrenäen nicht hinausgelangten, das lag an den schweren Ritterpferden Karl Martells, des Großvaters von Karl dem Großen. 732, bei Tours und Poitiers, kam das leichte orientalische Vollblut an der Mauer des schweren fränkischen Kaltbluts zum Stehen.

Christliche Gegenbesuche im Morgenland, die Kreuzzüge, hätten ohne Pferd schwerlich stattgefunden. Böse Zungen jener Zeit meinten ohnehin . . .

. . . es sei den abendländischen Rittern auf ihren müden Gäulen mehr am arabischen Vollblut als am Blute Christi gelegen gewesen.

Der Sonne gleich war das Pferd von Osten nach Westen auf die europäische Geschichtsbühne galoppiert. Um 1500 hat es seinen Mittag, seinen höchsten Stand als Kriegsinstrument erreicht.

Unter Maximilian, dem letzten Ritter, jagten die Herren lieber den Hirsch als den Heiden.

Und turnierten sie gegeneinander, so ging es ihnen nur noch ums Brusttuch der Dame. Fiel man dabei aus dem Sattel, so war nicht das Leben, sondern nur eine Nacht verloren.

Das Pferd trabt seinem kriegsgeschichtlichen Abend entgegen, denn der Mensch hat etwas erfunden, das schneller zu fliegen vermag als vier Pferdebeine: die vom Pulver getriebene Kugel. Albrecht Altdorfer läßt in seiner berühmten Alexander-Schlacht, die er um 1510 malte, Ritter seiner eigenen Zeit unter Alexander dem Großen in Kleinasien gegen Darius, den Perser, streiten. Die Reiterei wird zur Kavallerie, und schon im Wortwandel deutet sich der Zug zu einer welschen Eleganz an, die dem Ende vorausgeht. Die Pferde werden durch Einkreuzung von orientalischem Blut leichter, nervöser.

Und die Putzsucht der Reiter steigert sich bis zur Geckenhaftigkeit napoleonischer Offiziere.

Als Bonaparte geschlagen aus Moskau zurück ist, bläst die Geschichte zum Absitzen vom Pferd als einem wirkungsvollen Kriegsinstrument. Das Ende ist da . . .

... als zu Beginn des Zweiten Weltkriegs polnische Ulanen in heroischer Unvernunft mit blanker Waffe gegen die Maschinengewehre deutscher Panzerwagen galoppierten.

Pferde zwischen Zuckerbrot und Peitsche

Es begann alles mit einem einzigen Satz, den ich am 13. Januar 1970 in meinen Fernseh-»Bemerkungen über das Pferd« aussprach: »Die Anatomie dieser Lauftiere scheint geradezu gemacht zu sein, um mit den Beinen auf der Erde zu bleiben: ein kurzer, starrer Rücken, Sprunggelenke, die hoch über dem Boden sitzen, wenig nachgiebige Füße und ein schlechtes Schätzvermögen der Augen«. Viel mehr Zeit, als dieser Satz dauerte, hatte ich an jenem Abend nicht, um meine Meinung zu begründen, daß Pferde von Natur aus zum Springen, insbesondere zum Hochspringen, nicht geschaffen seien und daß sie in aller Regel nur unter reiterlichem Zwang über Hindernisse gingen.
Die Fachliteraten keilten daraufhin so bösartig nach mir aus, als hätte ein hippologischer Gastarbeiter Feuer in ihren exklusiven Stall geworfen. Dabei hatte ich nur summiert, was etliche ihrer – im Zweifelsfall bedeutenderen – Kollegen längst vor mir gesagt hatten.
Federico Tesio, ein italienischer Landedelmann, war der wohl erfolgreichste Vollblutzüchter unseres Jahrhunderts. Aus seinem Gestüt Dormello kam lange vor *Ribot* auch der noch legendärere Hengst *Nearco,* dessen Ejakulationen in England meistbietend versteigert wurden und bis zu 250 000 Mark pro Sprung erbrachten, denn *Nearco* war immer gut für einen künftigen Champion. Den Senator Tesio, Amateurreiter in über hundert Hindernisrennen mit 49 Siegen, wird

kein deutscher Hippologe fragen, in welchen Sätteln er sich denn bewährt habe, daß er es wagen könne, an hippologische Tabus zu rühren. Und so zitiere ich denn ihn: »Eines Abends war ich zu Gast bei einem Freund. In der Nähe seines Landhauses liefen Pferde in einer abgezäunten Weide, drei Steepler, Sieger in vielen Rennen über hohe Sprünge. Als ich ankam, war es Zeit für ihr Abendfutter. Die drei berühmten Turfcracks galoppierten nervös vor dem Weidegatter auf und ab und warteten ungeduldig auf einen Menschen, der es öffnen und sie in ihren Stall bringen sollte, wo, wie sie wußten, ihr Futter auf sie wartete. Was in aller Welt war es nur, das sie davon abhielt, über dies Tor von 120 Zentimeter Höhe zu springen? Alle drei hatten viele Rennen über Sprünge von 150 Zentimeter und höher gelaufen, und zwar unter Reitergewicht und ohne Aussicht auf Belohnung. Jetzt waren sie hungrig und ungeduldig, ihr Futter zu bekommen, und warteten doch auf den Jungen, der kommen und ihnen das Gattertor öffnen sollte.«

Tesio folgerte daraus: »Der Akt des Springens ist gegen die natürlichen Anlagen des Pferdes und wird nur unter Zwang vollzogen.«

Während der wochenlangen Dreharbeiten zu meinem Pferdefilm, die häufig auf den Koppeln des Landgestüts Marbach stattfanden, habe ich Tesios Versuche mehrfach und mit großer Ausdauer wiederholt. Ich füllte eine Schüssel mit Hafer, brachte dies den Pferden zur Kenntnis, indem ich sie daran schnuppern ließ, stellte mich zwischen sie und den bei Pferden selten versagenden Magneten Stall und animierte sie aus einigem Abstand durch Schwenken der Schüssel, im Sprung eine simple Torstange zu überwinden, die noch nicht einmal eineinhalb Meter hoch war.

Es trat stets das ein, was Tesio beschrieben hatte: Die mir vertrauten Tiere gaben durch ein Langmachen des Halses in Richtung Haferschüssel durchaus ihr Interesse zu erkennen, zeigten aber durch ihr nervöses, ich bin versucht zu sagen: frustriertes Getrippel hinter der Torstange an, daß das Überwinden eines Hindernisses im Sprung nicht zu ihrem natürlichen, ererbten Verhaltensinventar gehört.

Auch Bernhard Grzimek, der im letzten Weltkrieg auf einem polnischen Gestüt experimentell viel mit Pferden arbeitete, schrieb mit einer Unbedingtheit, die nicht einmal Ausnahmen zuläßt: »Noch niemals sah man ein Pferd, das zum Springen nicht abgerichtet wurde, über ein Hindernis setzen.« Da solche Ausnahmen aber von Pferdeleuten, deren Zeugnis man nicht in Zweifel ziehen sollte (Jasper Nissen, Josef Neckermann u. a.), bestätigt werden, geht Grzimeks dogmatischer Satz wohl zu weit. Freilich kann man, wenn man ein paar von selber springende Pferde beobachtet hat, mit ihnen kaum die Regel vom evolutionär hindernisscheuen Pferd aus den Angeln heben, denn wäre das aus freien Stükken springende Pferd tatsächlich die Verhaltensnorm, dann hätten längst alle Gestüte ihre Koppelzäune aus schlechter Erfahrung drastisch erhöhen müssen.

Ich habe in meinem Leben zu oft und zu lange beobachtend auf solchen Koppelzäunen gesessen, um nicht genau zu wissen, daß Josef Neckermanns dem *stern* per Leserbrief mitgeteilte Beobachtung, wonach nicht selten junge Pferde zwei Meter hohe Koppelzäune übersprängen, von ein paar tausend Kilometern allenfalls brusthohem Koppelzaun überall auf der Welt in ihrem Beweiswert für den natürlichen Pferdesprung stark eingeschränkt wird. Auch Sven von Mitzlaff, einstiges Rennreiter-As und späterer Luciano-Trainer, spricht in seinen Erinnerungen an das väterliche Gestüt von 1,50 m Koppelzaunhöhe. Und F. Chales de Beaulieu, dessen Name wie kaum ein anderer mit dem deutschen Vollblutsport verknüpft ist, gibt der Zeebschen Kurzformel vom »hochspezialisierten Fluchttier der Grassteppe« diesen Inhalt: »Die einzige Waffe des Pferdes, wie der meisten Pflanzenfresser, ist seine Schnelligkeit in der Flucht. Es muß zur Erhaltung seiner Art immer wieder um sein Leben laufen. Es verfolgt in freier Wildbahn ebenso wie der Hirsch nur das eine Ziel, jedes Geländerisiko zu vermeiden, jedem Bodenhindernis auszuweichen und so schnell wie möglich jeden Gefahrenpunkt hinter sich zu bringen. Das Wildpferd wird sich hierbei weder in schwungvollen und abwechslungsreichen Figuren bewegen noch verdächtige Hindernisse überspringen, wenn es ihnen ausweichen kann.«

Folgerichtig werden Zuchtprüfungen für Vollblüter, denen der Zielpfosten den selektierenden Wolf ersetzt, nur auf der hindernislosen Flachstrecke vorgenommen. Steepler, also Pferde, die rennmäßig über Hindernisse geritten werden, sind oft Wallache. Ihre Darbietungen dienen überwiegend der Schaulust.

Als Expertenstimme gegen die herrschende Lehrmeinung vom Steppentier Pferd, das jedem Hindernis nach Möglichkeit aus dem Weg geht, fand ich nur die von Alwin Schockemöhle, der per Telefon der Bildzeitung zu Protokoll gab: »Es gibt wild lebende Pferde, die in der freien Natur noch über größere Hindernisse (als im modernen Parcours) springen.« Der Mühlener sagte leider nicht, was das für Pferde sind und wo sie leben. Er sagte vielmehr dies noch zu *Bild*: »Ich glaube nicht, daß ein Reiter überhaupt psychisch in der Lage wäre, ein Pferd zum Springen zu zwingen.« Bei allem Respekt für den großen Alwin: Nach dieser Logik sind Krones den Handstand machende Elefanten der beste Beweis dafür, daß der Handstand eine natürliche Bewegungsweise der Elefanten ist. Selbst dann, wenn Alwin »physisch« sagen wollte.

Deutschlands größtes Springreiter-As, Hans Günter Winkler aus Warendorf, hatte zu diesem Thema etwas sehr viel Differenzierteres zu sagen. Von mir in einem Interview auf den reiterlichen Zwang angesprochen, der nötig ist, um ein Pferd über ein Hindernis zu reiten, antwortete HGW: »Dieser Zwang ist immer da. Bei schlechten Reitern sieht man ihn, bei guten sieht man ihn weniger!« Und dann sinnierte der Warendorfer noch vor sich hin: »Man muß sich manchmal wundern, daß ein Pferd nicht mit dem Maul hinter sich greift, den Reiter aus dem Sattel zerrt, in die Bahn wirft und mit dem Huf drauftritt . . .«

Als dieses Zitat den Warendorfer aus der Millionenauflage des *stern* anstarrte und die Tagespresse daraufhin verstört von ihm wissen wollte, ob es denn wahr sein könne, daß die rotröckigen Lieblinge des deutschen Fernsehpublikums wirklich so harthändige Burschen seien, da scheute selbst der Ex-Weltmeister vor diesem dicken Brocken, den er selber aufgebaut hatte. Ich hätte ihn, ließ er in mehreren Zeitungen verbreiten, »aus dem Zusammenhang gerissen«.

Das hört man nun in meinem Beruf nicht so gern, und also stellte ich das Tonband an und hörte HGW sagen: »Ja, ich glaube, Sie haben recht (mit der Mei-

nung, daß man Pferde ganz überwiegend zum Springen zwingen müsse – d. Verf.). Es ist ja auch erstaunlich, wenn man sieht, wie die Masse der Pferde sich die Drangsaliererereien und unsachgemäße Behandlung gefallen läßt. Normalerweise müßte man annehmen, daß diese Pferde hinter sich packen würden, den Reiter runterzerren und einmal drauftreten, mehr hätten, also ich muß es leider sagen, die meisten nicht verdient. Aber ich glaube, um auf das Springen zu kommen, es ist wohl der große Unterschied der, daß man bei einem schlechten Reiter den Zwang sieht und bei einem guten Reiter es eben nicht so zutage tritt.«
Sprach's und stieg zu Pferde. Er hatte weder davor noch danach irgend etwas Relevantes gesagt, aus dessen Zusammenhang ich das *stern*-Zitat hätte reißen können.

Das Gegenteil ist richtig: Ich mäßigte Winklers Aussage für den *stern* ganz erheblich, wie jedermann leicht nachprüfen kann, wenn er das Zitat mit dem Tonband-Original vergleicht. Ich ahnte, welche Prügel Altmeister Winkler von seinen Mitbewerbern beziehen würde, denen er ohnehin schon viel zu lange auf dem Thron der Popularität sitzt. Ich warnte ihn sogar, zum Erstaunen meines Kamera-Teams, während des Interviews, weil ich seine unbedingte, aus der Sicherheit seines großen reiterlichen Könnens kommende Offenheit kannte. Schließlich war ich nicht zuletzt ihretwegen zu ihm gegangen statt zu einem seiner jüngeren Konkurrenten, die einen dicken Oxer einem Mikrofon allemal vorziehen. Winkler aber sprach seine unverhofft drastische Passage von »den meisten« Springreitern, die nichts Besseres verdient hätten, als daß ihre Pferde sie unter die Hufe treten, ad hoc aufs Band, ohne daß wir diesen Punkt zuvor besprochen hätten.

Und er sprach es morgens um halb zehn, nachdem er hatte überschlafen können, was ich ihm in einem ausführlichen Gespräch, während dem es am Tag zuvor Mitternacht geworden war, über die Tendenz meines Interviews gesagt hatte. Winkler wußte gut, daß ich seine Stellungnahme zur Unterstützung meiner Ansicht vom Zwangscharakter des Springreitens verwenden wollte. Wir diskutierten lange über die Möglichkeit, wie man diesen Zwang sowohl als auch sein Gegenteil, also das passive Verhalten des Reiters, für die Fernsehkamera deutlich machen könnte. Ich schlug vor, daß er zunächst mit aktiven »Hilfen«, wie die Reiter das Antreiben des Pferdes mit Gesäß- und Schenkeldruck nennen, seinen *Torphy* über ein Hindernis reiten sollte, um sich dann anschließend, beim erneuten Anreiten des Hindernisses, plötzlich absolut passiv zu verhalten, mit der erhofften Wirkung, daß *Torphy* dann durch Stehenbleiben sagen würde: »Na, wenn *du* nicht willst, dann will *ich* schon lange nicht.«

Winkler, als er dies überdacht hatte, lachte und sagte: »So einfach ist das nicht, mein Lieber. Wenn wir (er meinte damit die Spitzenreiter) unsere Pferde gegen ein Hindernis reiten, dann springen sie auch, solange wir nicht aus dem Sattel kommen. Die wissen nämlich ganz genau: Sonst setzt es was!«

Torphy blieb am nächsten Tag, als Winkler mitten im Anreiten passiv wurde, dennoch stehen. Es war in meinem Film zu sehen. Freilich konnte Winkler mich nicht täuschen: Er hatte seinem Pferd, bevor er demonstrativ »alles wegschmiß«, also passiv wurde, eine »Parade« verpaßt, die sich ja für ungeübte Augen kaum

von einer treibenden Hilfe unterscheidet, da das Pferd bei der »Halt« gebietenden Parade durchaus vorwärts, aber gegen den unmerklich angenommenen Zügel geritten wird. Diese Täuschung gelingt einem so routinierten Reiter wie Winkler auf Spitzenpferden, wie er sie reitet, leicht.
Ich ließ diese Kameraeinstellung dennoch »sterben«, also als brauchbar passieren, weil ich nicht nur durch Gespräche mit Winkler, sondern auch aus eigener Erfahrung im Sattel genau wußte, daß Passivität des Reiters auf den weitaus meisten Pferden unweigerlich das Vorbeilaufen an einem Hindernis zur Folge hat, falls das Tier nicht, im Jagdfeld beispielsweise, seinem Herdentrieb folgt und einfach mitjumpt. (In der Steinzeit sprangen vom Menschen gejagte Pferde, wie riesige Knochenfunde beweisen, im panischen Herdentrieb zu Hunderten über Felsabhänge sogar in den Tod.) Auch mochte ich Winkler damals nicht zumuten, seinen *Torphy* kurz vor Mexiko durch reiterliche Inkonsequenz nachhaltig zu irritieren, der Hauptgrund, weshalb er meine Bitte – unbemerkt, wie er glaubte – auf die eben beschriebene Weise unterlaufen hatte.
»Die wissen nämlich ganz genau: Sonst setzt es was!«
Dieses entscheidenden Winkler-Satzes wegen erzähle ich – möglicherweise ein wenig umständlich für eilige Leser – diese ganze Geschichte. Es muß einer schon sehr naiv sein, hielte er dieses Eingeständnis einer Pferdebestrafung nach der Sprungverweigerung für eine »Enthüllung« unsauberer Praktiken. Wer den Springsport heutiger Couleur haben will, wird sich auch mit dem zweiten Teil des Wortes befreunden müssen, das zuvörderst das Zuckerbrot in den Vordergrund jeder Tierdressur stellt: mit der Peitsche. Und sie ist noch – zumal in der Hand eines Mannes wie Winkler, dem Züchter und Stallbesitzer ihre besten Pferde anvertrauen, »weil er sie nicht so hernimmt« (*Terminus*-Besitzer Klaus Wagner) – ein vergleichsweise kleines Übel.
Da gibt es noch ganz anderes: Hohlstangen aus Leichtmetall, die zwischen zwei Pfosten schwingend aufgehängt werden. Stoßen die Röhrenknochen der Pferde im Sprung gegen die hohlen Schwingstangen, dann verursachen sie den Tieren unvergeßlich schmerzende Vibrationen: sie heben in Zukunft die Beine höher, mag sich der Rücken darüber auch verkrampfen, teils in Erinnerung an den Schmerz, teils auch als Vorbeugung gegen das Reitergewicht, das dem verspannten Tier beim Aufkommen nach dem Sprung ins Kreuz fliegt und als vermehrter Stauchdruck die Vorderbeine belastet.
Da gibt es in der Springbahn den Mann mit der langen Peitsche, der dem mangelnden Vertrauen des Pferdes in seinen Reiter Beine macht. Und wirken Knall und Peitschenschnur nicht mehr auf die abgestumpften Tiere, dann nimmt man wohl auch schon mal den Stiel zu Hilfe, insbesondere dann, wenn das Pferd der Natur in sich seinen Lauf läßt – einen Lauf, der stets um das Hindernis herum, statt darüber hinweg führt.
Da gibt es das sogenannte »Barren«, das ich auf diese Weise praktiziert sah: Zwei Männer halten zwischen sich einen hölzernen Baum, eine Stange, wie sie den Hindernissen obenaufliegt. Über diese Stange wird nun das Pferd geritten. Es mag springen, so hoch es nur kann – die Männer werden stets die Stange ein wenig höher heben, gerade so hoch, daß das Pferd anstößt und

durch Schmerzen lernt, die Beine eben jedesmal noch ein wenig höher zu heben.
Da gibt es den Skandal, in den vor ein paar Jahren eine namhafte englische Springschule verwickelt wurde: Man hatte Hindernisstangen gefunden, die mit Stacheldraht umwickelt waren. Aber lange nicht jeder Skandal wird ruchbar. Ein bekannter Kollege, Sportreporter und aktiver Reiter, erzählte mir absolut glaubwürdig, daß er daneben gestanden sei, als ein sehr bekannter deutscher Springreiter unter dem Gebiß seines Pferdes, mit dessen Maul er Schwierigkeiten hatte, ein Stück – Fahrradkette hervorgezogen habe. Er nannte Roß und Reiter.

Und warum ich, so fragte mich der Kollege, auf dem vergleichsweise harmlosen Hilfszügel *Martingale* herumreite, wo es doch noch ganz andere Sachen gäbe. Ich wünschte, meine Kollegen am Rand der Turnierplätze würden es einmal so machen wie die Fußballreporter: ihren Film in der Wiederholung, Bild für Bild, im extremen Zeitlupentempo laufen lassen. Sie wüßten dann sofort, warum ich auf dem Martingale herumreite. Diese Vorführtechnik, ein paarmal auf die Reitweise *zwischen* den Hindernissen angewandt, würde der Sache des Pferdes mehr nützen als alle Tage des Pferdes, die uns noch ins Haus stehen.

Der Martingale also. Das ist ein Hilfszügel, ein Ausbildungsprovisorium, das indessen zu einer lieben Dauergewohnheit fast aller Springreiter geworden ist, auch der besten: Zwei Riemen, die vom Bauchgurt her über die Zügel geschlauft werden und dem Pferd mittels Gebißdruckes Schmerzen im Maul zufügen, wenn der Reiter die Zügel hart annimmt oder wenn das Pferd versucht, den Kopf hochzunehmen, etwa um – der Quälerei leidgeworden – durchzugehen.

Seit vielen Jahren rümpfen die Hohenpriester des deutschen Pferdesports die Nasen über diese beschämende Reitkrücke und verdammen sie als inkorrekt – die Fachblätter sind voll davon. Doch wagen sie es nicht, den Martingale schlichtweg zu verbieten. Dabei haben einige wenige Reiter, vorneweg bezeichnenderweise eine Frau, die Französin Janou Lefebvre, aber auch der Springstilist d'Oriola bewiesen, daß man ohne Martingale nicht nur springreiten, daß man da ohne, also nur mit dem einfachen Trensenzaum, der dem Pferd die Freiheit des Kopfes beläßt, sogar siegen kann.

Es ist leicht einzusehen, warum der Martingale zwar verdammt, aber nicht verboten wird: Der gesamte internationale Springsport bräche zusammen, von heute auf morgen. Auch etliche der großen Namen wären ihren Pferden wohl auf die beschämendste Weise ausgeliefert. Die latente Explosionsgefahr dieser Tiere bräche sich ohne Martingale unkontrolliert Bahn, und zwar, ich bin sicher: um die Hindernisse herum, statt über sie hinweg.

Was wohl anderes als der Martingale kann Glahn gemeint haben, als er 1956 von »stoßenden Hilfen und Marterinstrumenten von Gebissen und Hilfszügeln« sprach, mit denen die damals Weltbesten »in quälerischer Art« ihre Pferde malträtierten? Und was kann Georges Calmon meinen, Frankreichs großer alter Mann des Springsports, wenn er den Hindernisbau von heute »diabolisch« nennt?

3

Die Mähnenhaare stehen aufrecht, und das ist immer das Kennzeichen eines der Wildform nahestehenden Pferdes. Anders als das Hauspferd, wechselt es jährlich auch die Mähnenhaare.
Die Tolle hat zum Langwerden keine Zeit. Auch der schwarze Strich auf dem Rücken, den man den Aalstrich nennt, beweist, daß die Tiere nicht für den Hausgebrauch gezüchtet wurden.

Daß diese – am Ende von 50 Millionen Jahre Pferde-Evolution stehenden – langhaarigen, nicht sehr gut riechenden kleinen Münchner Pferdegammler den Vorfahren Ihrer Trakehnerstute Silberfee *oder Ihres Hannoveraners* Adlerschild *ähneln, ist mehr als wahrscheinlich. Sie stehen im Tiergarten Hellabrunn und sind die gut gelungene Rückzüchtung des ausgestorbenen Tarpans. Den letzten freigeborenen Hengst erschlugen 1880 südrussische Bauern, als sie ihn beim Poussieren mit ihren zahmen Stuten erwischten. Die Silhouette dieses Pferdes scheint von einer urzeitlichen Höhlenwand herabgestiegen zu sein.*

Geld: der Saft, der Wunder schafft

Kaltblut, so sagen die Pferdeleute, züchtet der Materialist, Warmblut der Idealist – auf Deutsch: der Steuerzahler. Staatliche Gestüte wie das Württembergische, auf dessen Weiden diese Warmblutpferde ziehen, sind Zuschußbetriebe. Wir sollten uns darüber nicht aufregen, wenn wir nicht wollen, daß unsere Enkel ein Pferd nur noch aus dem Zoo kennen werden.

Trakehner, Hannoveraner, Holsteiner, Oldenburger, Württemberger sind Warmblüter. Ursprünglich schwerer Landschlag, wurden diese Pferde durch Einkreuzen von orientalischem und englischem Vollblut leichter und eleganter. Sie stellen die Masse der modernen Reit- und Springpferde. Aber im großen Dressur- und Springsport ist der reine Vollblüter im Vormarsch. Er ist, körperlich, der geborene Athlet.

Vollblutpferde haben bei 600 kg Gewicht 60 Liter Blut. Das ist prozentual viel gegenüber anderen Lebewesen. Aber das gab ihnen den Namen nicht. Vollblut ist schlecht übersetzt. Es heißt im Englischen Thoroughbred – durch und durch gezüchtet, was genau den Kern der Sache trifft, denn das Vollblutpferd ist eine erst 250 Jahre alte reine Kunstrasse aus Menschenhand.

Der nervus rerum der Vollblutzucht ist die Wette. Neben dem Blut ist »Geld der Saft, der Wunder schafft«. 500 000 Mark zahlten selbst die sparsamen Preußen schon, als sie 1913 in England den Hengst Dark Ronald für ihr Graditzer Gestüt ankauften. Heute subventioniert der Staat Schweineberge. Das edle, nervige Vollblut geht am fiskalischen Bettelstab. Es ist töricht, dem Vollblutpferd anzulasten, daß seine Züchter zuweilen reiche Leute sind. Von der Pferdezucht sind sie es gewiß nicht.

Die klassische Derby-Strecke ist 2400 m lang. Das Prüfungsalter der Pferde dafür drei Jahre. Doch werden sie in mehreren Rennjahren geprüft. Die besten gehen 1000 m unter einer Minute. Das Rennpferd macht am meisten Boden gut, wenn es, mit allen vier Füßen in der Luft, zuerst mit der Hinterhand wieder aufsetzt. Das gesamte nach vorn geworfene Pferde- und Reitergewicht wird von jeweils einem Fuß aufgefangen.

Startmaschine und Zielpfosten auf der Rennbahn übernahmen im 18. Jahrhundert in England beim Vollblut die Rolle, die Säbelzahntiger und Wolf in den Wildpferdherden gespielt hatten. Es kam nur der Hengst ins Gestüt, der siegte. Inzest und Inzucht regierten die Rasse. Kleopatra, so sagten sich die Lords, war auch das Produkt aus fünf Inzucht- und drei Inzest-Ehen. Und nun schlagen Sie mal nach bei Shakespeare!

Alle Vollblüter heute stammen väterlicherseits von orientalischen Hengsten und auf der Mutterseite von englischen Landpferden ab. 85 Prozent aller heutigen Siegerpferde, sagt Beaulieu in seinem wichtigen Buch »Vollblut«, gehen in der männlichen Linie auf einen einzigen Hengst des 18. Jahrhunderts zurück: Eclipse. Er wiederum führt in seinem Stammbaum die drei Urahnen der gesamten Vollblutzucht, Darley Arabian, The Byerley Turk und Godolphin Barb – Namen, die noch heute in England denen von Nelson und Wellington im Bekanntheitsgrad nicht nachstehen.

Das Aufregendste an den Kaltblütern ist mit einem Satz gesagt: Ihre Körpertemperatur ist geringfügig höher als die der Warmblutpferde. Der Name Kaltblut meint nur das behäbige Temperament. Der Anteil ihres Herzens am Gesamtgewicht beträgt 0,8 Prozent gegenüber fast 2 Prozent beim Vollblüter. Kaltblüter stammen vermutlich von einem Eiszeitpferd ab, das unsere Wälder bewohnte und vorwiegend im Schritt lebte.

Für den Schritt vor dem Bierwagen gezüchtet, ermüden sie rasch, wenn man sie in Trab versetzt.

Das schwere Kaltblutpferd ist eine aussterbende Rasse. Ihr Merkmal ist die gespaltene Kruppe, an der ein im Geschirr nicht hängenbleibendes Toupé auf kupierter Schweifrübe vergeblich nach Fliegen hascht.

Als Muhámmed, der Prophet, die Pferdezucht für den heiligen Krieg begründete, ließ er eine Herde Stuten tagelang dürsten. Dann machte er die Koppel auf. In gestrecktem Galopp jagten die Pferde dem Brunnen zu. Muhámmed rief sie alle bei ihren Namen. Aber die meisten der Tiere hörten nicht auf ihn und sogen gierig das Wasser ein, das sie nach weiser Pferdeart sichernd und wärmend durch die fast geschlossenen Lippen aufnehmen.

Fünf Stuten jedoch verhielten im Galopp. Unschlüssig sahen sie den anderen beim Trinken zu. Aber sie besiegten den Durst in sich und den Herdentrieb und warteten auf ihren Herrn.

Es waren Hamdani *und* Habdan, Siqlawi, Kuhaylan *und* Abbayan. *Muhámmed tränkte sie und führte sie zum Hengst. Und so wurden diese fünf Stuten die Stamm-Mütter der edelsten Pferderasse, deren Hufe je die Erde trat – und dies so behende, daß sie, so sagt es Muhámmed, auf dem entblößten Busen einer Frau tanzen könnten, ohne ihn zu verletzen. Soweit die Legende. Wahr davon ist, daß sich die Namen dieser Pferde bis heute in der Zucht erhalten haben.*

Der Haflinger ist ein kleines, fuchsiges Kaltblutpferd aus den Tiroler Bergen. Und er ist ein gutes Beispiel für die veredelnde Durchschlagskraft orientalischen Blutes, das in diese Landpferde eingekreuzt wurde.
Auf diese Weise wurde aus einem Kaltblüter allmählich ein Pferd mit dem Temperament eines Warmblüters, dessen kleiner trockener Kopf mit den bewimperten dunklen Augen ganz der orientalische Papa ist.
Der Haflinger hat als einziges Kaltblutpferd eine Zukunft, und auch in einer Warmblutherde behauptet er nicht nur seinen Platz, sondern macht ihn den größeren Brüdern durchaus streitig.

Die weißen Abzeichen der Pferde sind Überbleibsel aus der Zeit, da man mit Albinos noch so buntscheckig wie möglich züchtete.

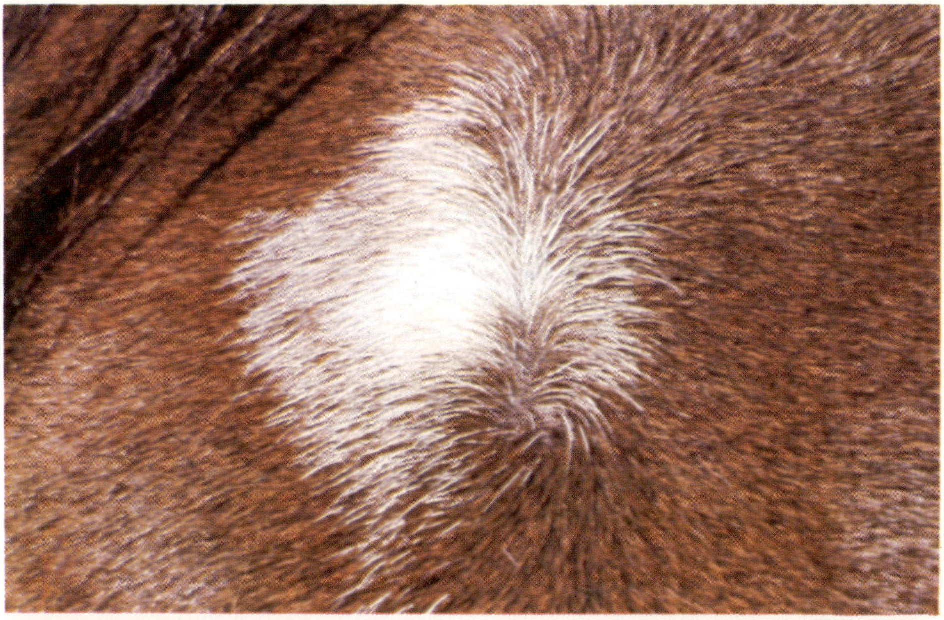

Die alten Pferdebücher zählen weit über 40 Fellfarben auf, darunter allein zwölf für den Fuchs und elf für den Braunen. Die heutige Zucht beschränkt sich auf wenige Varianten der Grundtypen Fuchs, Brauner und Rappe. Schimmel kommen dunkel zur Welt, denn Schimmel ist keine Farbe, sondern eine vorzeitige Vergreisung. Nur ein Schimmel, der von zwei erbreinen weißen Elterntieren abstammt, bringt auch mit farbigen Partnern wieder Schimmel hervor. Der Araberhengst Amurath zeugte in Celle 600 Schimmelfohlen; die Mütter waren isabell bis schwarz.

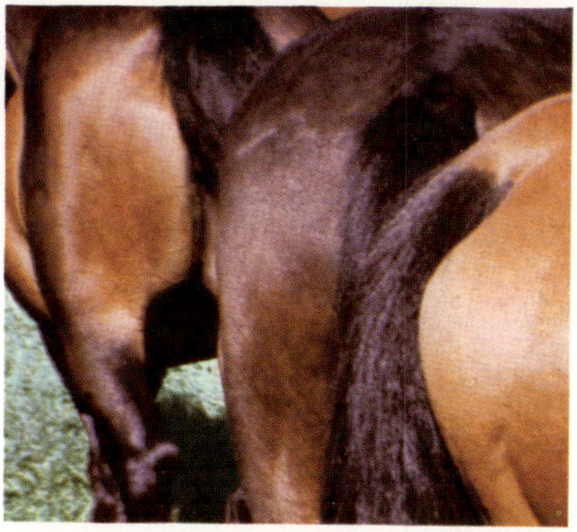

Die Farbe Isabell hat ihren Namen nach der Regentin der Niederlande, der Erzherzogin Isabella. Als ihr Mann im 16. Jahrhundert Ostende belagerte, schwor sie, bis zur Eroberung der renitenten Stadt nicht das Hemd wechseln zu wollen. Der Herr Gemahl brauchte drei Jahre, und dann sah das Hemd etwa so aus wie das Fell am Achtersteven dieses Fjordpferdes.

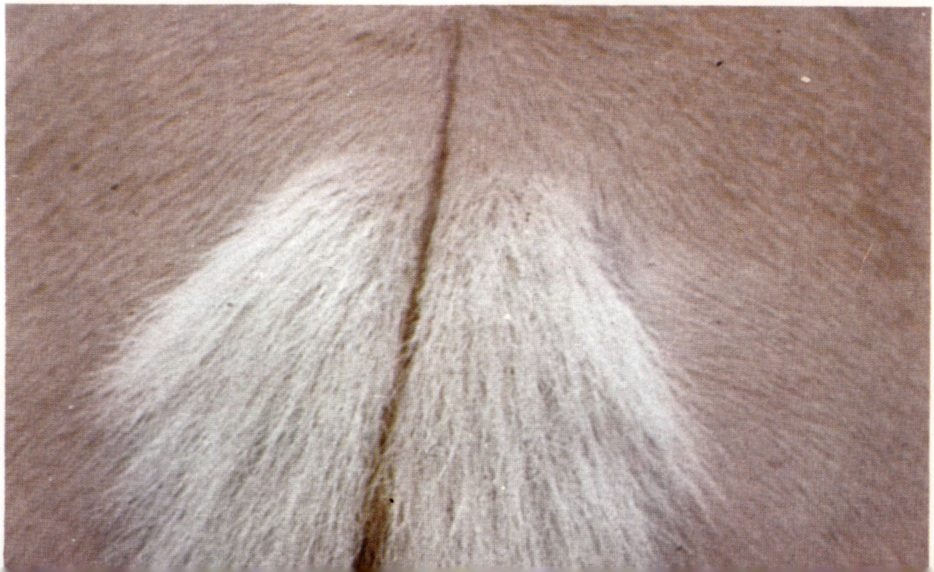

»Je höher die Mauer, desto besser die Kasse!«

Calmon schrieb in *L'Année Hippique 1970*: »Man steigert sich in Überangebote hinein – jeder möchte das bestdotierte und zugkräftigste Turnier haben. Es soll daher möglichst auch das schwerste sein. Ein Derby jagt das andere, eine Meisterschaft die andere. Und die Grand Prix sind kaum zu zählen. Dafür läßt man sich immer höhere und massigere Hindernisse einfallen, ohne sich dabei im geringsten um die Pferde zu kümmern. Man behandelt sie wie Maschinen. Die Folge davon: Einige stehen es vier Jahre durch, manche drei, und wieder andere sind schon nach zwei Jahren verheizt . . .«

Ende 1969 fand ein prominenter deutscher Reiter den in der Springsportwelt einzig dastehenden Mut zum öffentlichen *Mea culpa*. Hartwig Steenken erklärte einer ihren Ohren nicht trauenden größeren hippologischen Versammlung: »Ich habe meine Stute *Fairneß* in der Sturm- und Drangzeit meiner frühen Höhenflüge regelrecht verheizt!« *Fairneß* war in dieser Zeit beim Springen einmal zusammengebrochen und kurz nach einem zweiten Anlauf noch einmal. Sie wurde dann für eine Weile zur Zucht aus dem Verkehr gezogen und kehrte später in den Parcours zurück. »Man darf annehmen«, schrieb die *Reiter Revue* dazu, »ihrem Reiter passiert das nicht ein drittes Mal. Das scheint allein schon deshalb wichtig, weil dieses (Spring-)Wunder – Hartwig Steenken: ›*Fairneß* ist wieder wie neu!‹ – sonst allzu leicht mißverstanden werden könnte in dem Sinn: Richte dein Pferd ruhig mal hin, veterinärmedizinische Reparaturanstalten verfügen jetzt über Methoden, die zum Bagatellfall machen, was früher ein Unglück war. Der Zustrom, den prominente Operateure heute haben, ist ohnehin höchst bedenklich.«

Das Blatt kennt, scheint's, seine springreitenden Pappenheimer.

Der inzwischen verstorbene Pferdejournalist Werner Lutz schilderte den Fall des von Alwin Schockemöhle gerittenen Wallachs *Freiherr*: »Bevor das Verdener Auktionspferd in den Stall Freitag kam – und nach Hans Freitags allzu frühem Tode zu Schockemöhle nach Mühlen –, hatte kaum jemand ihm zugetraut, daß er zwischen den Olympischen Spielen von Rom und Tokio so souverän die Turniere geradezu abgrasen, Große Preise da und dort gewinnen und jeweils am Ende des Jahres gewinnreichstes Pferd sein würde. Die 4000 DM, die er bei der Verdener Auktion einst gekostet hatte, gewann *Freiherr* seinem Besitzer Hans Freitag in einem einzigen halbwegs guten Monat. Daß er im Zuge der Qualifikationen und Vorbereitungen auf Tokio in einem Maße verschlissen wurde, daß manche geradezu von einer Hinrichtung sprechen – das ist eine Seite mit schwarzem Trauerrand im Buch der deutschen Reiterei.«

Es ist nicht die einzige. Die schwärzesten Seiten werden in den Leserbriefspalten der Fachzeitschriften aufgeblättert. Hier hat reiterlicher Anstand noch ein Domizil, und sei es bloß als Alibifunktion für Fachjournalisten, die ihre Kritik an den Auswüchsen dieses Sports nicht selten mit Scherz, Ironie und tieferer Bedeutung drapieren, statt sie mit der blutigernsten Vehemenz vorzutragen, mit der Pferde in mörderische Hindernisse hineingeritten werden.

Conrad Schmelzer, ein Reitlehrer aus Lorch, schrieb: »Da werden Pferde in Sb-Springen über immer größere Hindernisse gehetzt, so lange, bis sie voll hineinspringen, werden junge Pferde, die von sich aus bereits viel anbieten, in S-Springen unnötig verheizt. Gewiß, wettkampfmäßige Vergleiche sind gut und müssen sein, aber müssen sie deshalb ausarten? Muß ein Pferd unbedingt ›saubergemacht‹ werden (Korrektur nach einem Springfehler – Verf.), indem man es in einen Sprung hineinreitet oder barrt, daß die Knochen krachen?«

Und Elisabeth Erk aus Königstein schreibt: »Ich kenne ein hochveranlagtes Springpferd, das durch seinen ehrgeizigen jungen Reiter in den Reifejahren so herangenommen wurde, daß dies Pferd heute mit sieben Jahren kaum noch auf seinen Vorderbeinen gehen kann, und dem man, wenn man's gut mit ihm meint, entweder das Gnadenbrot geben oder es einschläfern sollte. Das Pferd wird im Schulbetrieb geritten.«

1961 ritt Alwin Schockemöhle in Dortmund sein Pferd *Winzer* über eine 2,22 m hohe Mauer, einen Hochsprungrekord, den er später mit *Exakt* am selben Ort auf 2,25 m anhob. *Winzer* wurde schon in jungen Jahren aus dem großen Sport gezogen, weil er an der Berufskrankheit der Springpferde litt, einer durch Überanstrengung der Vorderbeine entstehenden Hufrollenentzündung. Heute hat diese Krankheit ihren Schrecken etwas eingebüßt: durch einen kleinen Nervenschnitt macht man die Pferde schmerzfrei – freilich nur vorübergehend, was zu neuen Mißbräuchen der Pferde führte, wie wir noch sehen werden.

»Es trifft nicht zu, daß Springpferde nach wenigen Jahren auf den Beinen kaputtgehen«, korrigierte mich Josef Neckermann im *stern*. Er führte die im Parcours altgewordenen Giganten *Meteor, Halla* und *Kairouan* ins Feld. Mit Namen läßt sich's trefflich streiten. Ich kenne auch ein paar und möchte sagen: Auf den Beinen kaputtzugehen, das ist das Schlimmste noch nicht, was einem Turnierpferd von heute widerfahren kann. Es findet sich dann nicht selten ein Käufer, der diesen Tieren außerhalb der Turnierszene durch Schonung und sittliches Augenmaß den Metzger noch ein paar glückliche Jahre vom Leib hält. Es gibt in der Tat Schlimmeres.

»Leider nicht selten«, schrieb die *Reiter Revue* unter der Schlagzeile *Ausgelitten* im April 1970, »wurde in den letzten Jahren auch das große Publikum Zeuge, wenn renommierte Pferde starben. Auf dem Sportfeld, manche möchten es Schlachtfeld nennen.« Das Blatt nannte »nur einige« Namen: Grandprix-Spezialist *Turvey* des italienischen Vizeweltmeisters Mancinelli. *Loch an Easpaig* des Irländers Ringrose. Der »Hochjumper« *Madison Time* des 1970er Weltmeisterschaftsdritten Harvey Smith. *Ballerina* und *Loughlin,* die Toten von Avandaro. *Opera* und *Dzwiek* während der Military-Europameisterschaft in Haras le Pin. Der *Tasso* Hartwig Steenkens kam 1971 noch dazu. Er brach sich beim Springen in New York ein Bein. Die Operation verlief erfolgreich. Doch mußte der Patient getötet werden, als er sich, aus der Narkose erwachend, die Verbände zerschlug. Die Operateure bekamen einen deutschen Orden.

Der aktuelle Anlaß für diese Totenliste war das Juniorenchampionat im französischen Dinard, wo ein Springpferd schon den Transport nicht überlebte und ein anderes im Parcours verendete. Die publizistische Empörung darüber bezog man bei uns indes aus Frankreich, vom seriösen Pariser *L'Eperon*: »Wenn man das sieht, wird man sich erst so richtig klar darüber, daß in dieser Sparte des Reitsports auf Gesundheit und Leben der Pferde wenig Rücksicht genommen wird.« Der deutsche Übersetzer schimpfte auf seine Obrigkeit: »Und die Technischen Delegierten der FEI (des Internationalen Pferdesportverbandes – d. Verf.) stehen dabei, bemühen sich, von all dem nichts zu sehen, und möchten sich dann durch geschönte Gefälligkeitsberichte gern das Gegenteil bestätigen lassen.«

Wie schrieb der nobel um Ausgleich bemühte Josef Neckermann dem *stern*? »Springreiten ist für Pferd und Reiter ein schöner und schwerer Sport.« Man las es schon nüchterner. Georges Calmon im schon zitierten *L'Année Hippique:* »Das Bestreben geht heute dahin, die Turniere auf die Leistungen zwei- und vierbeiniger Turnierstars auszurichten. Damit verliert aber der internationale Turniersport seinen ursprünglichen Zweck, alle guten Reiter zu einem Wettkampf zu rufen. Er wird zu einer Angelegenheit einiger Springakrobaten, die über Wunderpferde verfügen, wie sie heute nur noch Privatmäzene oder Industriefirmen zu Reklamezwecken kaufen können.« Und unter einem Foto, das den Bremerhavener Bürgermeister jovial lächelnd beim Deuten auf die 2,10 m hohe Mauer im 1971er Bremer Stadthallenturnier zeigte, fand ich die dazu passende altbekannte Veranstalterweisheit gedruckt: »Je höher die Mauer, desto besser die Kasse!«

Von einem Pferd, das zur Weltmeisterschaft gemeldet wird, werden 99 Sprünge gefordert, davon 59 in den drei Qualifikationsprüfungen an drei aufeinanderfolgenden Tagen und – nach zwei Ruhetagen – an einem einzigen Tag im Finale weitere 40 Sprünge, nicht mitgerechnet die sechs Sprünge im Stechen der *puissance speciale,* einem Mächtigkeitsspringen am zweiten Tag, und die Sprünge der CHIO-Prüfungen. Schon bei einem weit harmloseren Turnier, 1968 in Frankfurt, demonstrierte das Publikum nach dem fünften Stechen lautstark für die Schonung der Pferde. Eine Seltenheit freilich auf deutschen Turnierplätzen, wo der Beifall gemeinhin auch dem übelsten Maulreißer von Reiter noch hinterdreinprasselt, wenn es nur aus dem Lautsprecher klingt: »Null Fehler ...«

»Ich bin nicht der Mensch, jedem ins Gesicht zu sagen, ob er bereits für ein internationales Turnier die Reife mitbringt«, sagte Fritz Thiedemann, auf *Meteor* einst einer der ganz Großen, zur Presse, als sie ihn zu seiner neuen Tätigkeit, dem Hindernisbau, interviewte. »Mein Mittel liegt eben im Parcours-Aufbau. Und hier trennt sich die Spreu vom Weizen. Letzten Endes setzt sich eben nur die Klasse durch.« Wenn nur zehn Prozent der teilnehmenden Reiter und Pferde »heil durchkommen«, dann sei das »gerade genug«.

Er ist nicht der Mensch. Und warum sollte er auch reden, wo die Offiziellen schweigen? Reden schadet dem Image, und Schweigen ist vielleicht Gold. Medaillengold. Nur wer als Funktionär von Erfolgen lebt, lebt in seinem Amt angenehm.

»Die Parcours auf den großen und internationalen Turnieren«, schrieb Josef Neckermann – in anderem nicht meiner Meinung – dem *stern* per Leserbrief, »sind mittlerweile so schwer geworden, daß sie nur noch eine kleine Zahl hochqualifizierter Reiter und Pferde ohne Gefahr für Gesundheit von Pferd und Reiter absolvieren können. Leider fehlt es bei manchem Reitersmann an genügender Selbstkritik, um diesen sportlichen Superveranstaltungen nur von der Tribüne aus zu folgen«.

Der Turniersport, sagt Georges Calmon, müsse ein Sport von Gentlemen bleiben. Wie die Dinge liegen, ist dieser Sport heute in der seinen Ruf ausmachenden internationalen Spitze eine Sache von professionellen Akrobaten mit ein paar Wundertieren, die Ausnahmevariationen des Genotyps Pferd sind, wie sie jede Haustierspezies immer wieder dem Menschen zur züchterischen Ausbeutung anbietet. Daß sie nur von finanzstarken, an der Taufe auf Markenartikel-Namen interessierten Mäzenen angeschafft und unterhalten werden können, das mag in einer Zeit, die das Wort Amateur als ein Synonym für Trottel begreift, noch hingehen. Die Segler, unter denen die Grenzen zwischen Sport und Geschäft ebenfalls längst fließend geworden sind, geben für ihre seegehenden Hochleistungsboote Summen aus, gegen die sich Spitzenpreise für Pferde maßvoll ausnehmen.

Was indessen die Akrobaten des Springsports echt gefährlich macht, das ist der Leistungsmaßstab, den sie mit ihren aus der Pferdeart geschlagenen Springkanonen der breiten Masse der Springreiter für den Hausgebrauch setzen. Wenn der *Donald Rex* Alwin Schockemöhles zwei Meter springt wie einen Gartenzaun, dann, so sagen sich Reiter Hinz und Reiter Kunz, müssen unsere Gäule, die doch auch Geld gekostet haben, wenigstens einssechzig schaffen. Und was diesen unglücklichen Pferden in der Hand von gewissenlosen Provinz-Ehrgeizlingen dann bis zu dieser Marke fehlt, das wird mit Sporn und Peitsche angeschafft. Josef Neckermann: »Es werden Cracks kopiert, deren individueller Stil den Nachwuchsreiter mehr von der klassischen Reitweise entfernt als hinführt.« Wenn diese unreifen Gentlemen sich nicht scheuen, ihren unreifen, den Sprung verweigernden Pferden auf dem Abreitplatz, vor den Augen der Turniergäste, die Peitsche über Kopf und Kruppe zu ziehen oder sie cholerisch im Maul zu reißen, wie das gar nicht so selten zu beobachten ist, dann ist die Frage erlaubt, was sie mit ihren Tieren erst zu Hause, in der Abgeschiedenheit der privaten Reitbahn machen.

Was jede Diskussion so erschwert, das ist ihr Herunterzerren auf plakatives Schlagzeilenniveau. »Springen Pferde nur aus Angst?« fragte *Hör zu*, vom endlich aufmerkenden großen Publikum angestachelt, Hans-Heinrich Isenbart. Und er hatte recht, diese rhetorische Frage mit Nein zu beantworten. Natürlich wird kein Pferd aus »Angst und Verzweiflung Jahr für Jahr über Hindernisse springen«. Auch der Tanzbär der Zigeuner hebt nicht Jahr für Jahr aus Angst und Verzweiflung die Beine. Aber es hatte alles einmal mit Angst angefangen, Angst vor der heißgemachten Blechplatte, auf die man ihn während der Dressur zu führen pflegte. Auch der Jagdhund läßt nicht beim Pfiff des Jägers aus Angst und Verzweiflung vom Hasen ab. Aber es hatte einmal mit Angst angefangen, Angst vor den langen Nagelspießen im Halsband, in die er, vor Schmerz aufjaulend, an langer, plötzlich gestoppter Leine hineinraste, wenn er den Pfiff des Jägers ungehorsam überlief.

Auch von Fidelspieler und Bär, Jäger und Hund ließe sich, beobachtet man sie nach der Dressur bei der Arbeit, guten Gewissens sagen, was Isenbart, den Weltmeister d'Oriola zitierend, von Springpferd und Reiter sagt: »Es braucht immer zwei, die eines Sinnes sind.« Das sind – Hans-Heinrich Isenbart möge mir verzeihen, ich mag ihn sehr – fromme Kalendersprüche. Es ist nicht statthaft, menschliches Denkvermögen auf Tiere zu übertragen. Der Jagdhund kann aus dem späteren Fehlen des Stachelhalsbands nicht schließen, daß der Nagelbiß in den Hals doch eigentlich ausbleiben müsse, wenn er nun, weit weg von der Einwirkung seines Herrn, den Pfiff überläuft und fröhlich den Hasen hetzt.
»Die Nummer sitzt«, sagt man in der Tierdressur, und selbst Zweibeiner geben Beispiele für die jederzeit auslösbare Stereotypie eines andressierten Bewegungsablaufs: In meinem Raubkatzenfilm war zu sehen, wie der Tigerdompteur Siegfried Wiesner, im Winterlager und in Räuberzivil, nach jedem Trick beifallheischend die rechte Hand graziös in Richtung eines Publikums schlenkerte, das nur aus herumstehenden leeren Zirkuswagen bestand.
»Sitzende« Dressuren brauchen lediglich ab und zu ein bißchen Auffrischung. Hat Hans-Heinrich Isenbart wirklich noch nie gesehen, daß viele Springpferde vor einem Tunier »gebarrt« werden, daß man ihnen eine Stange gegen die Beine schlägt, um ihnen die ursprüngliche Angst vor dem Schmerz beim Stangenabwurf

Von der Passion

Ich möchte den Bildern auf den folgenden Seiten ein paar einleitende Worte voranstellen, denn sie sind für das Auge des großen Publikums gar zu ungewöhnlich. Das liegt freilich nicht daran, daß sie »aus dem Zusammenhang gerissen« wären, in der maliziösen Weise etwa, wie sich ein mißliebiges Politikergesicht durch die tausendstel Sekunde eines Blitzlichtes verzerrend aus dem Zusammenhang des Mimikablaufs reißen läßt. Eher ließe sich sagen, daß die Bilder von der ästhetisch befriedigenden Sorte, die das Pferd über dem Hindernis zeigen, aus dem Zusammenhang des Springreitens gerissen sind: Sie fixieren Pferd und Reiter in der knappen Sekunde der nur halben Wahrheit, wo beide nichts anderes mehr tun können als, bestenfalls, sich fliegen zu lassen, oder schlimmstenfalls: beten.
Diese »schönen« Fotos machen neunzig Prozent der veröffentlichten Bilddarstellungen des Springsports aus. Der Rest verteilt sich auf die Ablichtung von Siegerehrungen und mehr oder weniger dramatischen Zwischenfällen mit Ausnahmecharakter.
Ich halte dies durch einseitige Auswahl einer breiten Öffentlichkeit vermittelte Bild des gegenwärtigen Springsports für korrekturbedürftig. Reiterliche Einwirkung, also Reiten schlechthin, entwickelt sich nur vor und zwischen den Hindernissen, und da freilich machen die von mir vorgelegten Bilder, indem sie Bewegtes festhalten, deutlich, was die Experten, soweit sie nicht direkt am Preisgewinn interessiert sind, seit rund 15 Jahren schon sagen: Der internationale Springsport hat sich, nehmt alles nur in allem, im Einklang mit dem übrigen Hochleistungssport sehr weit entfernt von den Lehren der klassischen Reitmeister, denen Reiten ohne innere und äußere Harmonie zwischen Tier und Mensch undenkbar war. Sie ahnten intuitiv, was moderne Verhaltensforscher wie Hediger inzwischen bewiesen: Nur im psychologisch entspannten Raum ist Tierdressur möglich (zu der auch jegliches Reiten gehört). Im Kampf um Zentimeter und Zehntelsekunden aber wurde das Springreiten zum Kampf Mensch gegen Tier; die Zukunft dieses Sports

ins Gedächtnis zurückzurufen? Es ist so lange noch nicht her, daß man dieses Barren sogar auf öffentlichen Abreitplätzen sah, gleich neben den Springbahnen. Nur dort wurde es verboten. Das zahlende Publikum nahm Anstoß.
Der das Pferd vermenschlichende, zu tierfremden Deutungen seines Verhaltens Anlaß gebende Sprachgebrauch vieler Autoren, gerade bei uns zulande, ist unser germanisches Erbe. Gudrun klagte, als Grani, der Reithengst ihres Gemahls Sigurd, ohne seinen eigentlichen Herrn im Sattel zurückkehrte: *Ich trat zu Grani, Tränen vergießend, Und schaut' ihm forschend ins feuchte Auge: Da senkte Grani ins Gras sein Haupt, Der Hengst wußte, sein Herr war tot.*
Man könnte auch sagen: Vor der heimischen Königshalle angekommen, kaute Grani seinem neuen Reiter die Zügel aus der Hand und dehnte endlich wohlig den Hals. Aber Sachlichkeit reicht in die Seelenklüfte nicht hinab, in denen wir das Pferd ansiedelten. Es war unseren Altvorderen Mittler zwischen Mensch und Gottheit, sagt Karl Sälzle. Es ist vielen heute noch der bessere Mensch. Man muß strohtrockene wissenschaftliche Aufsätze lesen, um bei uns auch einmal dem unverfälschten Tier im Pferd zu begegnen: Die Herzöge von Croy ließen in der Zeit, während der sie freilebende Pferdeherden hielten, mehrere Hengste töten, weil diese die Stuten mit Bissen traktierten, bis ihnen die Eingeweide herausquollen.

nähert sich unter dem Zwang zur Höchstleistung beängstigend der längst überwundenen Vergangenheit der – von Reitern so oft geschmähten – Zirkusdressur an, die einst im Umgang mit Tieren durch Härte ersetzte, was ihr an animalischer Intuition und Wissen vom Tierverhalten fehlte.

Es fiel nicht schwer, die auf den folgenden Seiten ausgebreiteten Bilder zu beschaffen; es war dazu nicht mehr nötig als ein beliebiger Griff ins Archiv. Die gezeigten Situationen ließen sich, stünden dem nicht die Platzverhältnisse eines Buches entgegen, hundertfach vervielfältigen. Sie sind auch nicht einmal besonders kraß, da sie immerhin aus Turnieren stammen, deren relativ hohes Niveau sich allein schon dadurch dokumentiert, daß das Fernsehen zugegen war. Wäre es mir um polemische Verzerrung zu tun gewesen, dann hätte ich mich mit einem Kamerateam an die Springbahnen der Provinzreiter-Festivals gestellt, wo sich, neben echtem Talent, die Bizepsreiterei am krassesten produziert.
Damit nicht erneut Mißverständnisse entstehen: Ich versuche mit diesen Bildern nicht zu beweisen, daß Springpferde im Sinne der Tierschutzgesetze generell gequält werden; das ist – noch – einzelnen Reitern, freilich auch namhaften, vorbehalten. Ich will nur den Zwang sichtbar machen, der im Springreiten wirksam ist – weniger im Vorwärts, dem Urmotiv jeglicher Reiterei, als vielmehr im Rückwärts, in härtesten Handbremsungen gegen die Heftigkeit der Pferde, in der nicht wenige Kommentatoren gern eine Spring-»Passion« der Pferde sehen, während sie doch in Wahrheit seelischer Ausdruck eines Tieres ist, dem Artfremdes abverlangt wird, und zwar im Extrem der Höhen und Zeiten.
Was an dieser Passion, dieser Springlust dran ist, das zeigt jedes Pferd, dessen Reiter im Parcours aus dem Sattel kam: Es galoppiert in jeder Weise erleichtert um alle Hindernisse herum und ist am ehesten dort einzufangen, wo es in den ruhigen Stall zurückgeht. Die Sprache sieht auch hier wieder einmal tiefer: Man ist versucht, dem Wort Passion angesichts dessen, was sich auf Springplätzen so selten nicht abspielt, seinen eigentlichen Sinn zurückzugeben – Erdulden.

Was hochberühmte Parcours-Akrobaten wie H. G. Winkler auf ein paar Wundertieren mit rudernden Ellenbogen, bis in Sattelhöhe fliegenden Stiefelabsätzen und hochgezogenen, das Pferd spornierenden Hacken gerade eben noch bewältigen (Bilder unten) . . .
. . . das wird auf Provinzturnieren, wo sich ehrgeizige Veranstalter stolz unter Stangen fotografieren lassen, die laut Latte auf 1,90 m liegen, weniger begabten Reitern und Pferden zum Verhängnis (Bilder gegenüber).

Zu dieser Behauptung, die ich im »stern« veröffentlichte und die von der Fachpresse mit unwichtigen Unstimmigkeiten in den Bildtexten abqualifiziert wurde, hörte »stern«-Redakteur Ortwin Fink vor Druck Alwin Schockemöhle. Den Hamburger Illustriertenmachern kam das, was ich da über des deutschen Volkes liebste Kinder im roten Rock schrieb, nicht ganz geheuer vor, und so

mochten sie auf Alwin Schockemöhles Meinung vor Veröffentlichung nicht verzichten. Der Mühlener sprach nach Kenntnisnahme meines Manuskriptes (dessen Verfasser man ihm freilich vorenthalten hatte) zu meinem Vorwurf der Pervertierung des Springsports in Richtung zirzensischer Sensation aufs Band: »Die Sprunggärten sind heute absolut eine Akrobatik für wenige Auserwählte geworden – und die Sprünge, die ein Pferd dort machen muß, haben überhaupt nichts mehr mit den Sprüngen zu tun, die ein Pferd von Natur aus springt. Denn die Hindernisse, die wir auf dem Parcours haben, gibt's ja in der Natur gar nicht.«

Fürs breite Volk freilich hatte der Meister drei Monate später eine andere Version parat. Sie steht auf Seite 31.

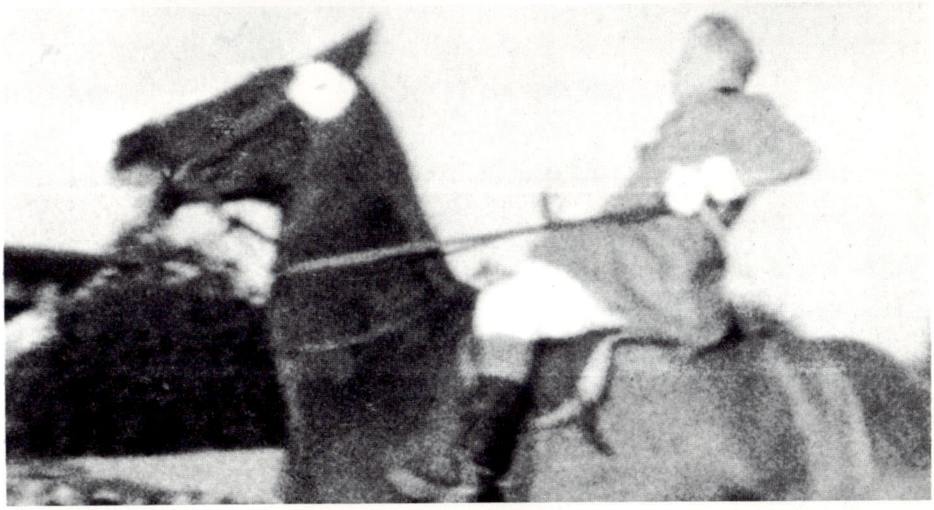

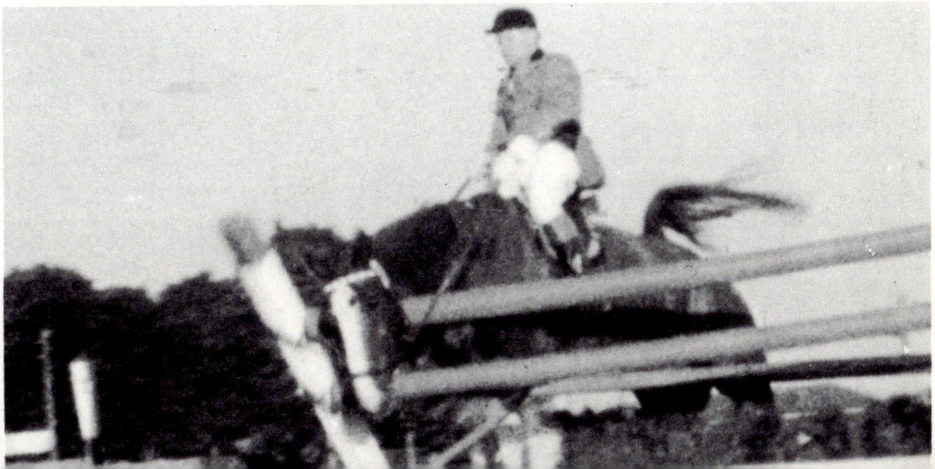

Eine Sache mit Pferdefuß

Es ist dahin gekommen, daß die Kameraden von der rotröckigen Zunft sich allmählich selber nicht mehr über den Weg trauen: Beim Kauf eines wertvollen Pferdes – so Dr. med. vet. Helmut Ende – habe es sich eingebürgert, daß der Verkäufer vor Vertragsabschluß auf einer röntgenologischen Untersuchung der beiden Vorderbeine und der beiden Sprunggelenke besteht. Denn das arglistige Verschweigen von Hauptmängeln bei Pferden kommt – so Rechtsanwalt Eberhard Fellmer im *Sankt Georg* – »besonders häufig« in Fällen von Nervenschnitten nach Hufrollenentzündungen vor.

Unter den Mängeln, die Reitpferde, insbesondere Springpferde, seit jeher haben, steht die Lahmheit ganz weit obenan, und unter den Ursachen für diese Lahmheit rangiert diese Entzündung der Hufrolle ziemlich vorn; sie gilt als die Berufskrankheit der Springpferde. Sie ist eine reine Verschleißerscheinung, hervorgerufen durch den Druck des Reitergewichts auf die Vorhand der Pferde, vor allem aber durch die unnatürliche Verwendung dieser zum Laufen konstruierten Tiere im unnatürlichen Sprung über hohe und höchste Hindernisse.

Bei erwachsenen Rennpferden, die unter Leichtgewichten artgemäß in der Ebene galoppieren, ist diese Hufrollenentzündung so gut wie unbekannt. Ich mache mir nichts vor: Auch dieses Argument wird verhallen im Trompetenstoß forscher Springreiterlogik: Da Pferde schließlich springen, ist bewiesen, daß sie zum Springen geeignet sind, basta.

Und wollen sie eines Tages nicht mehr, weil ihnen die Vorderbeine schmerzen, dann hat man als moderner, den Wissenschaften aufgeschlossener Pferdefreund eine Tierarztadresse zur Hand. Ich kannte auch eine; sie war sogar berühmt, doch da ihr Inhaber nun tot ist: *De mortuis nil nisi bene.* Es ist den Huf-Operateuren auch kein Vorwurf zu machen, solange sie allein dem Roß helfen wollen, nicht aber dem Reiter.

Die Sache geht so: Man bringt sein Pferd, das vom widernatürlich harten Aufkommen nach vielen Sprüngen und vom Zehntelsekunden schindenden Herumreißen zwischen den Hindernissen chronisch auf den Vorderbeinen lahmt, zum Veterinär. Zwei kleine Nervenschnitte pro Bein, etwa in Höhe des Fesselbeins, befreien das Tier von seinen Schmerzen: Die Leitung vom Huf zum Gehirn ist unterbrochen. Den Besitzer befreit diese Neurektomie von der Angst, sein Pferd womöglich nur noch zum Metzger schaffen zu können. Zwar liegt der sogenannte »Schrottwert« eines Pferdes, verglichen etwa mit dem eines alten Autos, ungewöhnlich hoch, bis zu 1000 Mark für Fleisch, Knochen und Fell, doch ist das nur ein Nasenwasser für ein Springpferd in den besten Jahren, das vielleicht einmal 20 000 gekostet hatte. Der – das ist der Pferdefuß an der Sache – nur vorübergehend schmerzfreie Gaul springt, wie das im Jargon der Springreiter heißt, wieder »Häuser«; man kann ihn vielleicht sogar gerade eben noch gut verkaufen.

Diese zynische Einstellung nicht weniger Pferdebesitzer, deren Tiere so operiert wurden, ist in der Reiterei weithin bekannt: »Der Gaul kommt ohnehin nicht mehr

Weit mehr als die Hälfte aller Verschleißerscheinungen an Pferdebeinen, so sagen es die Veterinäre, konzentrieren sich auf den rechten Fuß. Die meisten Pferde sind Rechtshänder (wie die meisten Menschen auch): Sie bevorzugen den Linksgalopp, bei dem in der mittleren Phase des dreitaktigen Galoppsprungs das rechte Vorderbein die meiste Last aufzunehmen hat. Da auch ein Hindernissprung im Prinzip ein Galoppsprung ist, fußen die meisten Pferde nach dem Hindernis ebenfalls mit dem rechten Huf den Bruchteil einer Sekunde früher auf als mit dem linken, der die dreitaktige Galoppsprungphase abschließt (unteres Bild). Während sich aber beim natürlichen Galopp des Pferdes der rechte Vorderfuß zusammen mit dem linken Hinterfuß in die Last teilt, kommt beim Landen nach dem Sprung, wenn auch nur ganz kurz, das ganze Gewicht auf den rechten Fuß: zwölf bis vierzehn Zentner Pferd und Reiter aus Höhen zwischen 1,90 m und 2,45 m (Hochsprungrekord) auf das schwächste Glied des Pferdes, die einseitige Vorhand.

Der Pferde-Veterinär Dr. Egon Müller schreibt in seinem Buch »Das kranke Pferd«: »Wenn man bedenkt, daß die Sehnen der Vorderbeine eines Pferdes, deren Querschnitt insgesamt kaum fünf Quadratzentimeter beträgt, beim Landen nach einem Sprung eine Last von 500–700 kg auffangen müssen, die aus einer Höhe von einem Meter und mehr herabfällt (schwere Turniersprünge beginnen bei 1,60 m und gehen bis 2,20 m – d. Verf.), daß die Belastung der Sehne in diesem Augenblick also 250–300 kg je Qudratzentimeter beträgt, wird man verstehen, daß in den Beinen eines jeden Pferdes nur eine bestimmte Anzahl von Sprüngen steckt.«

Da der moderne Springsport von den Pferden indessen Leistungen verlangt, für die die Natur sie nicht geschaffen hat, ist es nur folgerichtig, daß die Veterinärmedizin, die eine allzeit willige Magd des extremen Sports zu sein scheint, nun schon an der Transplantation unverbrauchter Ersatzteil-Sehnen arbeitet, mit denen man begabte Springpferde über die Haltbarkeitsdauer ihrer natürlichen Anatomie hinaus noch ein paar weitere Jahre zum höheren Ruhm (und Geldverdienst) der Reiter auszubeuten gedenkt. Nervenschnitte und medizinische Bäder für beinkranke Pferde sind längst Bestandteil moderner Therapie.

Das skelettierte Pferdebein läßt in seiner relativen Zierlichkeit zum Gewicht des Tieres ahnen, welchen Belastungen es ausgesetzt ist. Der Huf macht deutlich, wie unbeweglich, etwa im Vergleich mit einer Katze, ein Pferdefuß ist. Und der Schädel zeigt, wo das Gebiß im Maul aufliegt: auf den nur mit Haut überzogenen Knochen der sogenannten Laden zwischen den vorderen Schneidezähnen und den rückwärtigen Backenzähnen. Während das gelassene Pferd das Gebiß spielerisch auf der Zunge trägt und dem Fingerspiel der Zügelhand willig gehorcht, wirken die brutalen Zügel-»Hilfen« der meisten Springreiter, die nicht selten dünne, also scharfe Gebisse verwenden, schmerzhaft auf die Kiefer ein. Jede Fernsehsendung zeigt das Hochreißen und Schütteln der Pferdeköpfe in Gegenwehr gegen diese Behandlung.

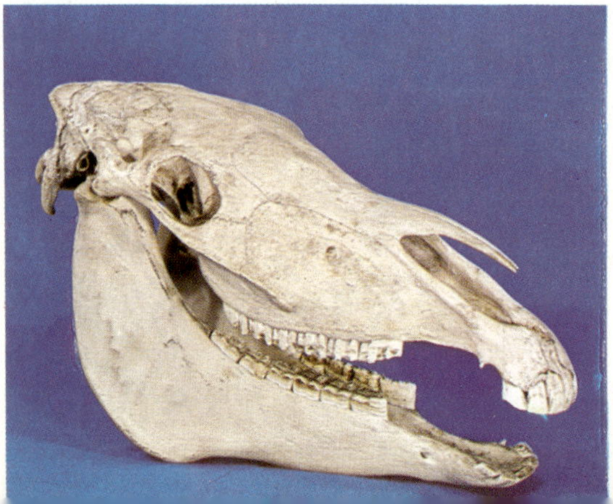

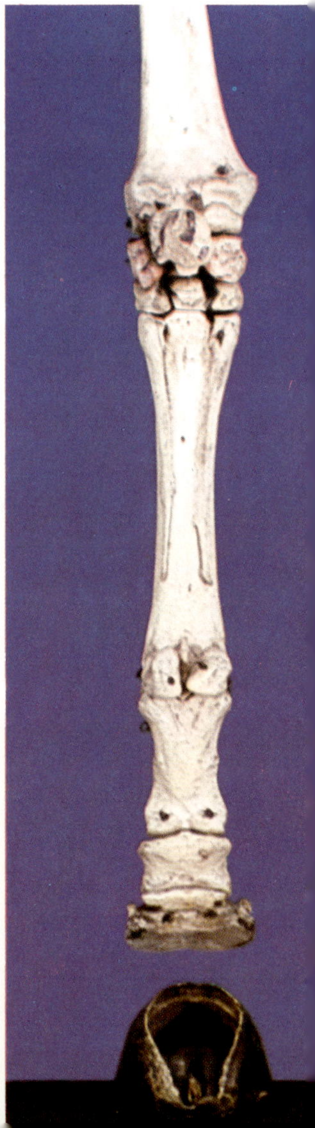

Die wenigsten Springreiter machen sich Gedanken über die starken Zentrifugalkräfte, die besonders auf die Fußgelenke noch junger Pferde einwirken, wenn man sie im Kampf um die Zehntelsekunde, kaum daß sie nach dem Sprung gelandet sind, brutal herumreißt und gegen das nächste Hindernis richtet. Diese extrem kurzen Wendungen tragen neben der unnatürlichen Belastung der Vorhand unter dem Reitergewicht die Hauptschuld an den weit verbreiteten Hufrollenentzündungen, die man mittels Nervenschnitten heute wohl vertuschen, aber nicht heilen kann.

durch die nächste TÜV-Untersuchung – also denn frisch drauflos!« Nur Alwin Schockemöhle war baß erstaunt, als man ihn im Anschluß an diese meine »Enthüllung«, die keine ist, danach befragte. »Ich kenne kein Pferd mit Nervenschnitt!« konnte man in mehreren Zeitungen von ihm lesen.

Das war selbst seinen Freunden zu forsch geritten. Die *Reiter Revue* schrieb: »Denn dieser Behauptung Alwin Schockemöhles, der als Advokat seiner Zunft auftrat, kann man nur schwer Glauben schenken.« Denn kennt er schon kein Pferd mit Nervenschnitt, obwohl wahrlich genug, darunter wohl auch namhafte, mit durchtrennten Hufnerven herumlaufen müssen, so kennt er doch wenigstens ein Pferd, das just an der Verschleißerscheinung litt, die man heute mit der Neurektomie für zwei Jahre vertuschen kann: sein früheres Rekordpferd *Winzer,* ich sagte es schon.

Weit mehr verwunderte es mich, daß selbst H. G. Winkler vor der Öffentlichkeit in dies Nebel-Horn stieß. Er nannte meine Bemerkungen »fast sensationslüstern«. Es käme mir nicht in den Sinn, diese allzu durchsichtigen Zweckbehauptungen räsonierend zu widerlegen, wären diejenigen, die sie in eine überwiegend ahnungslose, mit Liebe am Pferd hängende Welt setzten, nicht mit der großen Glaubwürdigkeit ausgestattet, die sie als Vorbilder unserer Fernsehgesellschaft genießen.

Eine Legende wird besichtigt

Kein sportliches Ereignis der Nachkriegszeit, Deutschland als Fußballweltmeister ausgenommen, hat die Nation mehr im Gemüt aufgewühlt als H. G. Winklers Siegesritt auf Halla, 1956 bei der Reiterolympiade in Stockholm. Winkler hatte sich im ersten Umlauf des Nationenpreises eine Leistenzerrung zugezogen. Bandagiert und mit schmerzstillenden Mitteln gespritzt, ging er nachmittags erneut an den Start. Aber die Spritze versagte unterwegs. Winkler ritt unter großen Schmerzen weiter und trug mit einem fehlerfreien Ritt zur Goldmedaille für die deutsche Mannschaft bei.

Die Presse versetzte Roß und Reiter enthusiastisch »in die Walhalla des deutschen Sports« (Werner Lutz), die Fachwelt gar schrieb der Stute menschliche Qualitäten zu: »Da kam das Wunder – Halla übernahm die Führung« (Erich Glahn). Selbst dieser scharfsichtige Pferdemann wollte in der Euphorie des Sieges gesehen haben, wie Winkler sich »krümmte«, »völlig passiv« war, auf dem Pferd nur noch »kauerte«, ja, sich während der Sprünge mit den Fäusten am Pferdehals abstützte. Aber Halla habe »am Ziel ihres und ihres Reiters Weltruhm« gesehen und Deutschlands Sache – »so schien es« – allein siegreich zu Ende geführt.

Seither gilt dieser Ritt als der klassische Beweis für die »Springfreudigkeit« der Pferde. Die Wahrheit ist freilich, daß Winkler zu keiner Zeit völlig passiv war, daß er sich nicht ein einziges Mal mit den Fäusten aufstützte, daß er vielmehr zu jeder Zeit die Zügelverbindung zum Perdemaul elastisch bewahrte, daß er zwischen den Hindernissen im leichten Sitz ritt, vor den Sprüngen zum treibenden Sitz überging und alle Gewichtshilfen im Absprung, während der Flugphase und beim Landen so gab, wie das Pferd sie gewohnt war. Nur alles ein wenig instabil, weniger kraftvoll, aber als Signalwirkung für ein routiniertes Pferd wie Halla, die zudem unter ihrem altvertrauten Lehrmeister ging, gewiß ausreichend. Sie gehorchte ohnehin, wie Glahn schrieb, dem »Spiel der Finger« von Winkler.

Ich zeige hier die in Frage stehenden letzten fünf Sprünge, wie sie von der Deutschen Wochenschau gefilmt wurden, zerlegt in 22 wesentliche Einzelphasen. Das Ergebnis ist keine Denkmalsschändung. Die Wahrheit wird Winkler gerechter als die Legende. Ein Weltklasse-Mann ritt unter großen Schmerzen und Aufbietung letzter Willenskräfte ein Weltklasse-Pferd fehlerfrei ins Ziel. Nicht weniger, nicht mehr. Dieses Pferd hat die Andichtung menschlicher »Führungs«-Qualitäten nicht nötig, und der Mann hat sie nicht verdient.

Vor dem fünftletzten Sprung zeigt Winkler zum erstenmal deutliche Schmerzwirkung: Sein Mund öffnet sich. Dennoch verlangt er von Halla durch Zügelanzug Aufmerksamkeit, reitet sogar noch stilrein mit tiefem Absatz.

Normale Entlastung der Hinterhand im Absprung. Verbindung zum Pferdemaul intakt.

Im Gleichgewicht, wenn auch vom Schmerz verspannt, über dem Sprung. Hallas Aufmerksamkeit gilt der Landung.

Normale Entlastung der Vorhand durch Zurücknahme des Reitergewichts. Hier hätte Winkler ein Aufstützen mit den Fäusten am Pferdehals am nötigsten – nichts dergleichen.

Winklers Rücken ist nicht ganz so rund wie gewohnt, die Gewichtshilfe aber wiederum normal. Von Passivität, gekrümmtem Kauern und Festhalten am Pferd ist nichts zu sehen.

Deutliches »Hände weg« über dem Sprung. Die Körperhaltung drückt Furcht vor dem Schmerz des Aufkommens aus. Dem Pferd kann sich davon nichts mitteilen.

Die Gewichtshilfe ist wiederum normal. Winklers Hände irritieren das Pferd keineswegs, geben auch zu keiner Zeit die Zügelführung auf.

Winkler nahm vor dem nächsten Hindernis beide Zügel in eine Hand, um vermutlich – sicher ist sicher – die Peitschenhand freizuhaben für einen Klaps. Er traute seinen Muskeln wohl nicht mehr. Schenkel normal am Gurt.

Körper wieder leicht verspannt. Mund verzerrt. Hilfen und Haltung aber normal.

Diese Phase hat die Legendenbildung in Gang gesetzt: Winkler wird beim Aufkommen vom Schmerz durchzuckt, er reißt den Kopf seitwärts und die Peitschenhand in die Höhe. Nach der Landung beugt sein Oberkörper sich im Schmerz etwas tiefer über das Pferd als üblich, er wendet leidend das Gesicht ab (rechts oben). Er kommt aber niemals aus dem Gleichgewicht, gibt selbst in diesen bösesten Sekunden die Zügel nicht aus der Hand und stützt sich nicht am Pferd ab, was alles zusammen gewiß auch für eine Halla ein Grund zum Stehenbleiben gewesen wäre.

Diese einzige Phase der echt kritischen Instabilität ist sofort überwunden. Winkler treibt Halla im tiefen Sitz gegen das nächste Hindernis, Schenkel am Gurt, Absätze tief. Seine Routine siegt über den Schmerz.

Bilder, die Winkler vor, über und nach Sprüngen zeigen, gibt es zu Hunderten. Wer sie mit diesen hier vergleicht, wird Mühe haben, Abweichungen festzustellen, die die Legende von der führerlosen Halla rechtfertigen könnten. Es ist nichts erkennbar, das dem Pferd auch nur Ungewöhnliches hätte signalisieren ***können.***

Winkler treibt Halla wiederum aktiv gegen das nächste Hindernis, das letzte.

Die Gewichtshilfen sind noch immer normal, im Aufsprung fast akrobatisch, und schon dieses eine Bild würde genügen, die Haltlosigkeit der Legende vom kauernden, sich abstützenden Reiter zu beweisen.

Die Zügelverbindung, die »Stromleitung« zwischen Reiter und Pferd, ist niemals unterbrochen, der Reiter wird durch nichts anderes im Sattel gehalten als durch sein intaktes Gleichgewicht und seinen großen Willen.

Nur nach diesem letzten Sprung kommt Winkler ein einziges Mal in Wohnungsnot, fängt sich aber sofort wieder und lenkt Halla, die doch angeblich führte (Glahn: »Sie kannte den Kurs noch vom Vormittag her.«) . . .
. . . aktiv ins Ziel.

Statt der Brille: die Panik

Es gibt bis auf den heutigen Tag keine mir bekannte Antwort in der hippologischen Fachliteratur auf die doch naheliegende Frage, warum wohl die Evolution der Pferde in 50 Millionen Jahren eine nur armselig zu nennende Sehleistung hervorbrachte, wenn diesen Grasfressern das Überspringen hoher Hindernisse als natürliche Bewegungsweise zugedacht wäre.
Die Pferdeaugen sind die Augen eines vor allem nach hinten wachsamen Weidegängers. Mit dem Kopf grasend zwischen den Vorderbeinen, haben diese Tiere eine jede Bewegung wahrnehmende Rundumsicht von annähernd 300°, die sie leicht durch minimale Kopfbewegungen zum Vollkreis erweitern können. Mit dem Kopf gegen einen Sprung gerichtet aber hat das Pferd vor seinen seitlich versetzten Augen einen nicht einsehbaren Sektor von 1,2 bis 1,5 m Länge. Wenn sein Reiter, wie das oft genug zu beobachten ist, ihm den Kopf zwischen Zügel und Martingal einkeilt, dann sieht das Pferd weder Absprung noch Hindernis noch Aufsprung. Daraus erklären sich, insbesondere bei wenig routinierten Pferden, die unsicheren Absprünge mit oft nachfolgendem Kleinholz, bei denen es, wie die Fernsehkommentatoren in solchen Fällen dann zu sagen pflegen, »nicht gepaßt« hat. Und nicht selten zieht dann der Reiter seinem Pferd zur

Strafe für seine eigene Ignoranz die Peitsche über die Flanke. Springlehrer wissen, daß man junge Pferde »sehen« lehren muß; sie stolpern oft genug über ganz niedrige Bodenricks – eine höchst ungewöhnliche Sache für ein Tier, bei dem das Springen zum normalen Bewegungsinventar gehören würde. Das Pferd hat vorzügliche Augen für das Leben eines Weidegängers, insbesondere sein Sehvermögen in der Dämmerung ist unserem weit überlegen. An ein Leben im Parcours sind diese Augen nicht angepaßt.

Ein aufmerksamer Beobachter der Turnierszene sieht den Pferden beim Angaloppieren der Hindernisse das Bestreben an, den Kopf erst zu heben und ihn dann seitlich abzuwenden: nur mit angehobenem Kopf haben sie die Möglichkeit, das noch fernstehende Hindernis scharf mit beiden Augen zu erfassen, und nur mit leicht abgewendetem Gesicht, und nur mit einem Auge also, können Sie den Absprung, das Hindernis und das Aufkommen taxieren. Sie brauchen für ihre seitlich angeordneten Augen unbedingt große Kopffreiheit, weil sie eines unvollständig gekrümmten Augenhintergrunds wegen nur durch Heben und Senken des Kopfes ihre Augen von fern bis nah einigermaßen scharf einstellen können.

Wenn *Donald Rex* mit einer Kopfhaltung, die ihn nach klassischen Dressurbegriffen zum »Brustbeißer« macht, in die Bahn geritten wird, dann sieht man deutlich seinen weit hinter der Senkrechten stehenden Kopf von einer Seite auf die andere pendeln. Er versucht monokular, einäugig, das Hindernis zu erfassen, was er, hätte er den Kopf frei, ganz gewiß binokular, also beidäugig, und mit erhobenem Kopf tun würde. Ich neige auch dazu, in diesem Kopfpendeln noch ein Zeichen von Frustration zu sehen: Der Wallach hat gelernt, daß ein Kopfheben bei nicht hingegebenem Zügel verboten, strafbar und unter Umständen schmerzhaft ist. Da die Konstruktion seiner Augen aber zum Ausmachen des Hindernisses das Anheben des Kopfes zwanghaft verlangt, bricht sich dieser nicht auslebbare Zwang in seitlich pendelnden Ersatzbewegungen Bahn.

…lerische Rangordnungs-
…pfe zwischen
…ghengsten.

Paradoxerweise könnte in dieser Behinderung des Wallachs aber auch ein gut Teil seines phänomenalen Erfolges begründet liegen. Da seine unnatürlich tiefe Kopfhaltung ihm bei der daraus resultierenden langen Brennweite zwischen Horn- und Netzhaut jedes scharfe Bild selbst auf mittlere Entfernung verwehrt, er die Hindernisse also erst kurz vor dem Absprung, wenn sein Reiter ihm den Kopf freigibt, taxieren kann, fehlt ihm die Heftigkeit von »Pullern«, die sich angesichts der Stangengebirge in der Bahn um jeden Verstand bringen und durch brutalste Zügelanzüge daran gehindert werden müssen, unkontrolliert ins Holz hineinzuspringen. *Donald Rex* galt als das bestgerittene Pferd der Weltmeisterschaft in La Baule. Sein Reiter Alwin Schockemöhle aber war nach dem Urteil der Fachpresse der Reiter mit der »eindeutig schlechtesten Hand«.

Nach allen Regeln der klassischen Reitkunst ist eine schlechte Hand aber mit einem gut gerittenen Pferd unvereinbar, zumal auf Weltklasse-Niveau. Ich fand den Widerspruch bislang nirgends diskutiert. Da möchte ich, als Denkanstoß, das Pferdeauge ins Gespräch bringen. Es könnte aus diesem Widerspruch ein Korrelat machen: Die »schlechte Hand«, von der das Pferd das Gebiß bei tiefem Kopf nicht annimmt, läßt dem auf diese Weise sehbehinderten Tier keine andere

Die nach den Reitgesetzen fehlerhafte, weil extrem tiefe, pendelnde Kopfhaltung von Donald Rex, dem Springstar des Schockemöhle-Stalls, die den Wallach im Fachjargon zum »Brustbeißer« macht (Bilder 1 und 2), bewahrt das Pferd möglicherweise davor, sich durch den vorzeitigen Anblick der Stangengebirge in der Bahn aufzuregen.

Donald Rex nimmt nur kurz vor dem Hindernis, wenn sein Reiter ihm durch Hinsetzen in den Sattel »Pass op« signalisiert, den Kopf hoch (Bild 3), taxiert kurz das Hindernis und springt (Bild 4).

1

2

3

4

Noch beim Landen nimmt er sofort den Kopf wieder tief (Bild 5), überläßt das Ausschauhalten nach dem nächsten Hindernis seinem Reiter (Bild 6), konzentriert sich mit zurückgenommenen Ohren und monokular am Boden haftenden Augen vertrauensvoll auf den Mann im Sattel (Bild 7) statt sich, wie so viele andere Pferde mit hochgerissenem Kopf beidäugig alle möglichen Hindernisse fixierend, im Kampf mit dem Reiter um Verstand und Kraft zu bringen, und zieht ruhig das nächste Hindernis an (Bild 8), gelassen auf das gleich kommende neue »Pass op!« in Form von Gewichtsdruck auf den Sattel wartend.

5

6

7

8

Wahl, als dem Reiter – fast im wahrsten Sinn des Wortes – blind zu vertrauen. *Donald Rex* überläßt das In-die-Ferne-schweifen der Augen Alwin Schockemöhle, taxiert ein Hindernis erst im Moment der Kopffreigabe, springt und fällt ins nervenschonende Vertrauen zur Obrigkeit zurück, bis ihm erneut signalisiert wird: Paß op! Der perfekte Untertan, der von Frustrationen zwar nicht ganz frei ist, der aber durch gute und böse Erfahrungen gelernt hat, daß blinder Gehorsam mit gesenktem Haupt für Maul und Beine das kleinere Übel im Umgang mit großen Herren und großen Hindernissen ist. Wo sich andere im Widerstand das Maul zerreißen, ist *Donald Rex* der Klügere, der nachgibt. Er vergeudet seine Kräfte nicht vor und zwischen den Sprüngen. Er siegt für Deutschland. Und muckt er einmal gegen seinen Reiter auf, dann tut er es auf die subtilste, hintergründigste Art: Er siegt, wie 1970 bei der Weltmeisterschaft in La Baule, auch mal für England.

Aber im Ernst: Alwin Schockemöhle kann, einem Wort Fritz Thiedemanns zufolge, Pferde nicht nur im Dunkeln kaufen, er kann sie auch im Dunkeln springen lassen. Doch während er, wie er sagte, darin einen Beweis für die Sehtüchtigkeit der Pferdeaugen sieht, kommt, wie ich glaube, das Gegenteil der Wahrheit sehr viel näher.

Mit diesen spekulativen Betrachtungen, die ich nur zögernd zur Diskussion stelle, ist freilich für andere Reiter nichts gewonnen. Wer nun seinem Perd den Kopf versuchsweise à la *Donald Rex* niederknebelt, um ihm durch Sichtbehinderung die Heftigkeit zu nehmen, der handelt unter Umständen wie eine Frau, die ihrem Mann Pornografie zu lesen gibt, in der Hoffnung, es möchte ihm endlich der Appetit vergehen. Der Martingale, insbesondere der zu Hause zur Gewöhnung des Pferdes an eine tiefe Kopfhaltung in die Gebißringe geschnallte, ist und bleibt eine Reitkrücke, die das Humpeln der dem Springsport innewohnenden Logik um so sichtbarer macht. Der Erfolg heiligt nicht jedes Mittel.

Ich habe 146 gefilmte Sprünge am Schneidetisch studiert, wo man jeden Sprung von Hand in seine kleinsten Phasen zerlegen kann. Ich versuchte, zu einer quantitativen Analyse zu kommen. Das Ergebnis kann im wissenschaftlichen Sinn nicht über jeden Zweifel erhaben sein, weil die Filmaufnahmen, die mir zur Verfügung standen, nach den optischen Gesetzen des Filmschnitts für meine Absichten beeinträchtigt waren. Dennoch: In mehr als 90 Prozent der Fälle glaubte ich feststellen zu können, daß die gegen den Sprung gerittenen Pferde das Bestreben zeigten, den Kopf zu heben, selbst um den Preis eines Schmerzes durch Gebißdruck im Maul.

Das stimmt durchaus mit der schon 1961 veröffentlichten Ansicht von Smythe – um nur ihn noch einmal zu nennen – überein, wonach die physiologische Augenkonstruktion der Pferde ein Scharfsehen im mittleren bis fernen Bereich nur durch Anheben des Kopfes und eine damit einhergehende Verkürzung der Brennweite zwischen Cornea und Retina auf 40 mm möglich macht. Und die von mir studierten Pferde versuchten denn auch, die Köpfe partout schon mehrere Meter vor dem eigentlichen Absprung zu heben.

Ich glaube, noch etwas Interessantes festgestellt zu haben. In Übereinstimmung mit der unter Reitern weitverbreiteten Ansicht, im Kopfheben des Pferdes kün-

Wenn Hans Heinrich Isenbart während einer Fernsehübertragung vom Hamburger Springderby 1971 eine ganze Reihe von Verweigerungen ohne Motiv-Kommentar vorübergehen läßt, um dann aber angesichts des englischen Wunderponys Stroller *mit Genugtuung (und mich im Visier) anzumerken, daß man hier sehen könne, wie Pferde »mitmachten«, wie wenig man behaupten könne, sie gingen nur »unter Zwang«, dann ist es wohl erlaubt, auch die Kehrseite der Medaille zu zeigen: die Peitsche, die nicht immer, wie es heißt, zum »Klapsen« benutzt wird, sondern auch zum Draufschlagen. So wird »Passion« geweckt. So schafft man auf Durchschnittspferden an, was die berühmten Akrobaten vormachen.*

Es gibt tatsächlich Turnierbeobachter, die auch in den härtesten Maulparaden noch einen Beweis für die »Springfreudigkeit« der Pferde sehen: Man kann die »passionierten« Gäule kaum vom Springen abhalten! In Wahrheit reden die trotz Nasenriemen aufgesperrten Mäuler, die grotesken Hirschhälse und die angstvoll weggedrückten Rücken eine andere Sprache. Diese Pferde sind nichts als Karikaturen des Bildes, wie es sich die alten Reitmeister vom gymnastizierten, in Harmonie mit seinem Reiter lebenden Pferd machten. Es ist die artfremde extreme Parcoursspringerei, die solche Bilder liefert. Sie lassen sich in jeder beliebigen Menge produzieren, wenn man sie nur haben will.

digte sich nahendes Unheil an, ein Durchgehen oder ein Steigen, ging mit dem Kopfheben fast immer eine harte Parade Hand in Hand, die man wohl ehrlicher ein Maulreißen nennen sollte. Ohne es zu wissen oder zu wollen, behindern also, glaube ich, die meisten Springreiter ihre von der Natur ohnehin schon für diesen Sport anatomisch gehandicapten Tiere noch mehr, indem sie ihnen den Kopf mit der Ankerwirkung des Martingales herunterzuzerren versuchen, wo die Tiere die Köpfe doch ganz im Gegenteil heben müßten, um sich über das Hindernis vergewissern zu können, das sie nehmen sollen. Es kann unter diesen Umständen nur dasjenige Pferd sich ruhig einem Hindernis nähern, das gelernt hat, seinem Reiter auch »blind« zu vertrauen.

So steigert man im nutzlosen Kampf gegeneinander die Erregung über und unter dem Sattel. So lebt man, nach 5000 Ehejahren, noch immer aneinander vorbei. Man kann der Reiterei überhaupt die Anmerkung nicht ersparen, daß sie das Pferd zwar für ihre Zwecke in allen seinen Muskeln und Gelenken genauestens analysiert hat, um die Tiere nach einem stark ästhetisch beeinflußten Geschmacksbild um so besser gymnastisch formen zu können, daß sie aber vom genotypischen Verhalten ihrer Tiere wenig oder nichts methodisch Gesichertes zu berichten hat. Die Federn ihrer Militärs, Züchter, Lehrer und Bereiter erschöpften sich zumeist in Historizismus, Exterieur-Formalismus, Blutlinien-Magie, Hinterhand-Fetischismus und Pferdegymnastik – alles in oft wallenden Wortgewändern. Freilich ist das substantielle Niveau der ersten Autorengarnitur hoch, doch sehe ich wenig oder nichts, wo ihr das Pferd etwas anderes gewesen wäre als Objekt ihrer Gesäße und Gedanken – zuweilen in dieser Reihenfolge. Das schließt tiefgefühlte humane Postulate nicht aus. Subjektivierungen des Pferdes indessen geraten meist zur unerträglichen Lyrik oder zum Stalljargon. Die Pferde sind, wenn sie nicht ohnehin die besseren Menschen sind, »laurig«, »ehrlich« oder »unehrlich«. Die »Verbrecher« unter ihnen nicht zu vergessen. Es sei die Todsünde eines Springpferdes, so las ich es wörtlich bei einem prominenten zeitgenössischen Autor, einen Sprung zu verweigern.

In einer Zeit, in der die Verhaltensforscher die feinsten Regungen der sozial lebenden Tiere zerfasern und die moderne Tierzucht selbst bei so angepaßten, um nicht zu sagen: degenerierten Tieren wie Rind, Schwein und Huhn die große Bedeutung von Revier, Rang und Rudelbindung für Leistung und Wohlbefinden erkennt, lebt das Turnierpferd das unerforschte Leben eines Equiden-*Jet Sets:* mit Auto, Flugzeug, Schiff und Bahn von einem Stall in den andern. Die Welt des Nasentiers Turnierpferd ist ein emotionales Chaos, vermute ich. Überdies wird das Sozialverhalten, das diese reisenden Vagabunden der Herde notgedrungen in einer Ersatzbindung an ihren Reiter oder – öfters – Pfleger ausleben, frustrierend oft gestört durch den Handelswarencharakter dieser Pferde; man wechselt sie nicht selten wie die Autos. Temperamentsschwierigkeiten sind weit verbreitet. Auf Streßkomponenten hat sie meines Wissens noch niemand untersucht. Dafür stehen in den Stallapotheken heute die Pillenschachteln und Pharmaka herum.

Der Exterieur-Kult hat in der Hippologie eine reiche Literatur mit einer eigenen Fachsprache entwickelt. Veröffentlichungen zum Verhalten der Pferde aber

1

2

3

4

H. G. Winkler: »Mit Martingale zu reiten ist höchstens eine Stilfrage. Alles andere ist dummes Zeug, zumal er im Turniersport nur lose hängend benutzt werden darf.«
Es ist solange noch nicht her, daß der Martingale auch feststehend (Bild 1) öffentlich gezeigt wurde. In der Ausbildung der Pferde ist er heute noch im Turniersport gang und gäbe. Der in die Gebißringe (statt auf die Zügelriemen) geschlaufte Hilfszügel bestraft das Pferd mit einem automatischen Riß im Maul, wenn es im Einklang mit der Anatomie seines Gangwerkes und seiner Augen den Kopf zu heben versucht. Ein zwischengespanntes Stück Gummi verhindert nur das Ärgste.
Die einfache Trense hingegen (Bild 2) verlangt, was nur wenige Springreiter ihren Pferden noch gönnen: drei oder vier Jahre Zeit, um Rittigkeit und Gehorsam im Einklang mit den klassischen Lehren der Reitkunst auch ohne Zwangsmittel von Ausbindezügeln anzunehmen. Diese humane Art der Zäumung beläßt dem Pferd auch (Bild 3) die Freiheit des Kopfes, die es gerade im Parcours zum Taxieren der Hindernisse so nötig braucht. Immer wieder ist zu sehen, daß Pferde kurz vor dem Sprung den Kopf seitlich abzuwenden versuchen: Nach Smythe und anderen angelsächsischen Ophthalmologen versagt die ihrer Meinung nach unbestreitbare binokulare, konvergierende Sehweise – eine Anpassung an domestikative Anforderungen – etwa 1,50 m vor einem Hindernis; die Pferde versuchen dann, monokular zu taxieren. Nur wenn also die – bei unreifen Pferden durch Beizäumung erzwungene – Schönheit des gerundeten Halses (Bild 2) der funktionsgerechten Physiologie vorgehen soll, ist Reiten mit Martingale »eine Frage des Stils«. Und unbehindertes Sehen des Springpferdes »dummes Zeug«.
Alwin Schockemöhle im selben sid-Interview, das mehrere Zeitungen der Bundesrepublik druckten: »Der Martingale verhindert, daß der oft nach oben fliegende Kopf des Tieres an die Hand des Reiters schlägt.«
Kein Pferdekopf fliegt versehentlich, wie dieses Zitat zu verstehen gibt, in die Höhe, vielmehr reißt das Pferd in Gegenwehr gegen den Gebißdruck und weil es besser sehen will, aktiv den Kopf hoch. Das soll der Martingale verhindern, weil dies der einfache Trensenzügel aus physikalischen Gründen, wie diese Bilder verdeutlichen, nicht kann.
Alle Reitlehren sind sich aber einig in der Meinung, daß der Martingale ein Übel ist, wenn er den Zügel bricht. Die Bilder 4–6 demonstrieren aber just das: die Zügel werden nicht selten im Winkel von fast 90° gebrochen! Der am Bauchgurt befestigte Martingale wird zur Ankerleine, die das Pferdemaul via Reiterfäuste gegen die Brust zerrt, während im Gegenteil die Gangmechanik die Freiheit der Balancierstange Hals und ihrer ungehinderten Nickbewegungen verlangt, von der Sehweise der Pferde nicht zu reden.

haben Raritätswert. Und so stimmt denn mit der traurigen Wirklichkeit überein, was man in einem Fachblatt las, das sich einen Artikel über die Physiologie des Pferdeauges aus England (sic!) besorgte und ihm dies voranstellte: »Was und wie unsere Pferde sehen, darüber machen sich wahrscheinlich die wenigsten Reiter Gedanken: So ähnlich halt, wie wir's vom Sattel aus sehen, denken sie. Und wenn's mal rappelt im Parcours, heißt es: Blöder Bock!«
»Interessant, der Artikel über das Auge des Pferdes«, schrieb danach ein Landstallmeister außer Diensten im selben Blatt: »Man muß erst mal darüber nachdenken, um dahinterzukommen, welche weiteren Ausblicke sich für den Umgang mit unseren Pferden eröffnen.« Ich glaube, es jetzt schon zu wissen: Jegliche Hilfszügel weg, damit die Pferde mit der neuen Kopffreiheit ihre partiell geringe Augenleistung voll nutzen können. Kein Pferd mehr in den Parcours, das (»Langsam!« gebietende) Paraden nur annimmt, wenn der Reiter sich stehend in den Bügeln ein Widerlager verschafft für seine mit aller Kraft im Pferdemaul sägenden Fäuste. Alles andere regelt sich dann schon.
Alwin Schockemöhle aber mochte nicht einmal nachdenken über diese Sachen. Er sprang in blendender Manier mitten hinein in das Trübe des Pferdeauges. Als eine Hamburger Hausfrau ihn über das *Bild*-Telefon fragte, ob denn Pferde überhaupt geradeaus sehen könnten, gab Alwin die später in *Bild* Schlagzeilen machende Antwort: »Doch, ein Pferd kann geradeaus sehen. Sonst würde es ja alle Stangen umtreten.«

Die Frage der Hamburgerin war im Kern so dumm nicht, und Ulrich Kaiser, Turnierbeobachter für den *Sankt Georg*, fragte in seinem Blatt spitz zurück: »Woher weiß Alwin das? Der Zweifel, der nagende, ist uns tief ins Herz gepflanzt...« Und die Bildzeitung druckte fett: »Das nächste Mal muß *Donald Rex* ans Telefon.«
Da würde ich dem Wallach aber zuvor einen Maulkorb umhängen.

Ich hatte während der Dreharbeiten zu meinen filmischen »Bemerkungen über Raubkatzen« ausgiebig Gelegenheit, in Raubtierkäfigen die Bewegungsabläufe der Großkatzen zu studieren. Wir hielten sie in rund 1000 m Farbfilm in Zeitlupe fest, und wer diese, ich bin versucht zu sagen: systemimmanente Eleganz springender Katzen betrachtet und gleichzeitig seine Erinnerung nach den Filmbildern von springenden Pferden befragt, insbesondere solcher vom bocksteifen Aufkommen nach dem Sprung, der weiß mit einem Schlag, wie die Natur Tiere konstruiert, die sie von Haus aus zum Springen gedacht hat, weil nur der Sprung nach der Beute ihnen Nahrung verschafft.
Katzen haben lange, geschmeidige Rücken. Ihre Sprunggelenke federn bis tief auf den Boden herab. Ihre Füße sind von großer Verformbarkeit. Die größte Kraft hat der Tiger in seiner Vorhand. Pferde, die sich grasend, Fuß vor Fuß, ernähren, haben kurze, starre Rücken. Ihre Sprunggelenke sitzen hoch über dem Boden. Ihre Füße sind fest. Ihre Vorhand, die das eigene Gewicht und das des Reiters im Absprung aus über zwei Meter Höhe schlucken muß, ist schwach. Und während ihre Augen zum Entfernungsschätzen denkbar untauglich sind, steht das Auge der Katze dem Menschenauge an Sehleistung nur wenig nach.
Auch das gefürchtete Scheuen der Pferde hat seine Ursache meist in den Augen. Bei monokularer Sehweise geraten selbst tote Gegenstände durch laterale Bewegungen des Pferdekopfes in Bewegung: das Pferd erschrickt. Peripher sehende Tiere, wie das großäugige Pferd, tun sich überdies mit der Akkomodation schwer; das Scharfsehen unbewegter, ferner bis mittelferner Gegenstände mit Hilfe eines unzureichend gekrümmten Augenhintergrunds ist, wie wir zu wissen glauben, ihre schwache Seite. Das Heil dieser Steppentiere liegt deshalb allein in der sofortigen Flucht, denn den bildspiegelnden Augenhintergrund durch Kopfheben erst nach Ursprung und Entfernung der undeutlich wahrgenommenen Bewegung im hohen Gras zu befragen, das könnte leicht den lebenserhaltenden Vorsprung vor dem anschleichenden Säbelzahntiger kosten.
Statt einer Brille verschrieb die Natur dem Pferd die Panik.

Der erotische Gang

Daß das Springen für Pferde, wie Senator Tesio sagte, »ein künstlicher und unnatürlicher Trick« ist, das kann jedermann vom Bildschirm ablesen, wenn er die Übertragungen von Springkonkurrenzen verfolgt, selbst die der ersten Garnitur.

Da kommen sie oft hereingezackelt – »ein wenig heftig« pflegt der Sprecher dann zu sagen, während doch in Wahrheit der Weidegänger Pferd, in Ruhe gelassen, eines der sanftesten und ruhigsten Tiere ist. Sie sind auch nur aufgeladen mit der hochgradigen Nervosität, die der Zwang zu unnatürlichen Leistungen allen Lebewesen eingibt. Kaum je gelingt es, trotz Turnierreglement, einem Reiter, sein Pferd ruhig zum Gruß gegen die Richtertribüne zu stellen. Mit unziemlicher Hast lüften die Herren die Kappe, um ja rasch die Hand wieder an die rettende Bremse zu bringen, den vom Martingale hebelartig gebrochenen Zügeln, von denen schon die Rede war.
Fast alle diese sich sichtlich gegen ihre Reiter auflehnenden Pferde flögen aus der Dressurkonkurrenz, auf dem Turnierplatz nebenan, schon aus diesem Grund heraus, denn Dressurpferde sind in der Regel die Ruhe in Person, ihre zweifellos vorhandene innere Spannung ist zu Aufmerksamkeit sublimiert und resultiert eher aus dem hohen Vollblutanteil, den diese Tiere durchweg haben, als aus der Angst vor dem, was da gleich kommen wird. Und das ist kein Wunder: Einem Dressurpferd wird wenig abverlangt, was die Natur seiner Gangmechanik nicht mitgegeben hätte – außer vielleicht der Forderung an Frau Linsenhoffs *Piaff,* erotisch gefärbte Gangarten herzuzeigen, obwohl sich in dieser Richtung im Dressurviereck für den Hengst nichts abspielt. Der starke Trab des Dressurpferdes zum Beispiel, mit seinem Schub aus der Hinterhand, mit dem vom Territorium Besitz ergreifenden, Raumgewinn markierenden weiten Ausgriff der Vorhand, mit dem aufrecht getragenen Hals und dem stolz leicht gegen die Brust genommenen Kinn – das ist exakt Gangart und Figur des Herdenpaschas, der seiner zum Teil rossigen Stutenherde entgegenstelzt. Oder die seitwärts gerichtete, trabende Verschränkung der Beine, die als Traversale jeden Zuschauer so bezaubert und dem Laien stets ein wenig nach Kunst, nach Zirkus schmeckt, das ist nichts anderes als die treibende Annäherungsgangart des Hengstes an seine Stute. In jeder wild lebenden Pferdeherde, etwa im norddeutschen Dülmen, ist es im Rohzustand zu sehen*.
Wie dem auch sei: Selbst in der Hohen Schule der Dressur noch wirken diese Pferde so »natürlich«, daß diese Konkurrenzen so gut wie gar kein Publikum haben: Es ist »nichts los« im Dressurviereck, man sieht ja nichts! Aber auf den Tribünen der Springplätze, da drängen sie sich, die Massen mit dem feinen Gespür für das Sensationelle, das auch den Zirkus durchweht und die Fernsehkameras immer wieder anzieht. Hier siegt der Mensch sichtbar für jedermann über den bis zum offenen Kampf widerstrebenden Willen der Tiere.
Und, wenn's denn sein muß, sogar über ihre Natur. Denn daran ist kein Zweifel: Der natürliche Sprung des Pferdes ist allein der in die Weite gerichtete, flach nach oben verlaufende Galoppsprung. Ein Pferd über zwei Meter hohe (und oft höhere) Steilsprünge zu reiten, das halte ich für, vorsichtig gesagt: zirzensisch.

** Wie man auch Stuten diese Gänge abgewinnt, das wäre eine ethologische Untersuchung wert. Zeeb sieht einen Grund für ähnliche Verhaltensweisen in Hengst und Stute darin, daß jedes Geschlecht einen gewissen Prozentsatz Sexualhormone des andern produziert. Er führt als Beweis das Flehmen an, eine – anthropomorph gesprochen – Ekelmimik der Hengste bei der Harnkontrolle hinter rossigen Stuten. Dies Flehmen ist allen Pferden, selbst den Fohlen schon, eigen. Es wird in Publikumszeitschriften stets als »Lachen« der Pferde verkauft.*

Selbst Zirkus ist oft für Pferde weniger »Zirkus« als das Überspringen haushoher Hindernisse. Die Schulhengste, die als Zweibeiner aus der Manege gehen, zeigen im Grunde nichts anderes als das Steigen von Junghengsten auf der Weide, die noch spielerisch ihre Rangordnung erkunden.

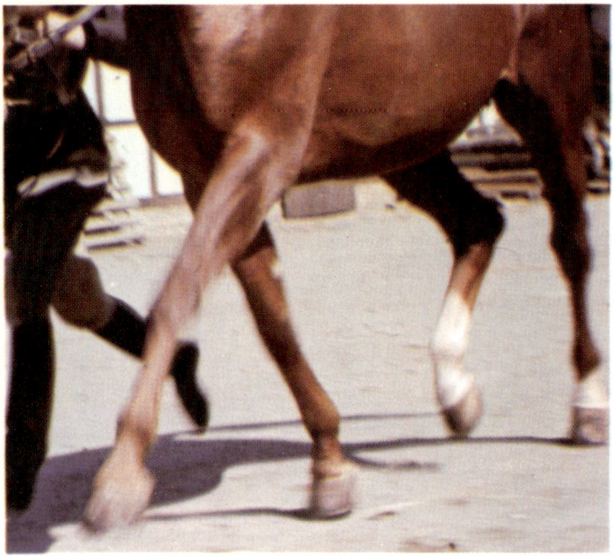
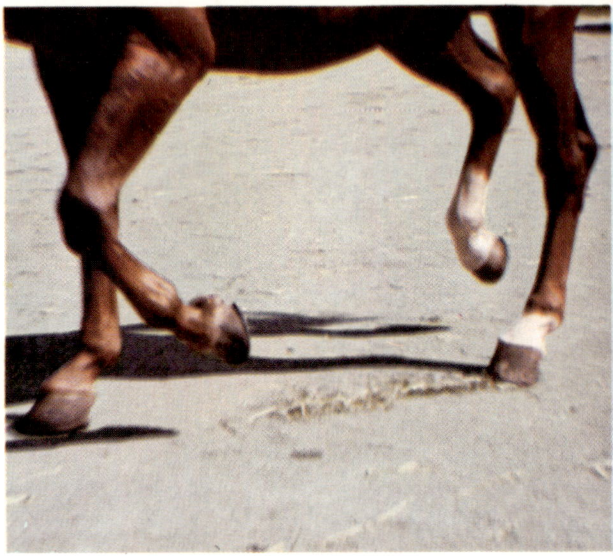

Die Gangarten der Dressurpferde entsprechen weitgehend den natürlichen Veranlagungen der Pferde: Der Zuchthengst, der am Deckzaum zur Stute geführt wird, zeigt den Stolztrab, der vom Dressurpferd lediglich taktreiner, ausdrucksstärker und auf Wunsch des Reiters zu jeder Zeit geboten werden muß.

Das Argument der *Reiter Revue,* die es »disqualifizierend naiv« nannte, daß man die klassische Dressurreiterei für eine noch einigermaßen natürliche Sache halte, und die dann fortfuhr, daß »dieser Drill, diese Knebelei für das Fluchttier Pferd gewiß widernatürlicher« sei als das Springen, nehme ich interessiert zur Kenntnis. Aber: Was machst du nun mit dem Knie? Kann Freddy Knie jr. befriedigt daraus schließen, daß seine von den Orthodoxen geschmähte »Zirkusreiterei« der Kunst eines Neckermann, eines Klimke, einer Frau Linsenhoff vorzuziehen sei, weil er die »Hohe Schule« ganz ohne Kandaren-Knebelei auf nacktem Pferd, sogar ohne Zäumung reitet?

Immer wieder werden dem Argument von der Artfremdheit des Pferdehochsprungs die Nachwuchspferde der großen Hannoveraner-Auktionen in Verden entgegengehalten. Man führt hier das sogenannte Freispringen vor: nackte, also sattel- und reiterlose Pferde gehen zum Beweis ihrer natürlichen Springveranlagung vor der Versteigerung über ein paar gut einen Meter hohe Stangen. Ich finde das nicht sehr überzeugend als Beweis für die absolute Zwanglosigkeit dieser Sprünge. Die Hindernisse hängen in einer Stangengasse, in die die Pferde hineingetrieben werden; sie können weder nach links noch nach rechts um die Hindernisse, die in dieser Gasse aufgebaut sind, herumlaufen. Und damit sie nicht etwa auf die Idee kommen, vor der ersten Barriere einfach stehenzubleiben, postiert man bei den Hindernissen Männer, die mit langen Peitschen der meist mangelhaften Freiwilligkeit nachhelfen.

Es ist sicher, daß diese Pferde ohne Zwangsgasse und ohne Peitschenmänner nicht einmal in Galopp verfallen, geschweige denn Hindernisse überspringen würden, die sich weit bequemer und nach natürlicher Pferdeart umlaufen ließen. Daß Pferde aus Angst vor Strafe, also unter Zwang, den man gern mit der Evolutionsvokabel »Anpassung« umschreibt, springen *können,* das befreit die extreme Springreiterei nicht von dem Vorwurf, solche Notanstrengungen der Pferde zum eigenen Vorteil rücksichtslos zu Höchstleistungen oft im wahrsten Sinne des Wortes hochzupeitschen – und für eine natürliche Sache auszugeben.

In der *Österreichischen Reiter-Zeitung* wurde ein Pferdepsychologe zitiert, demzufolge es »ein im Dienste des Menschen entwickelter Instinkt des Vertrauens ist, der ein Pferd immer wieder veranlaßt, Sprünge zu tun, die es in Freiheit nur in höchster Lebensgefahr oder in äußerster Verzweiflung wagen würde.« Könnte es sein, daß in Österreich die Reiter ihre Gedanken noch immer höher fliegen lassen als ihre Pferde?

Heil dir im Siegerkranz

»Es ist schade«, schrieb Josef Neckermann zu meinen Veröffentlichungen, »daß Sie nicht auf die wirklichen Probleme im Reitsport, nämlich die Verantwortung, die der Reiter für die ihm anvertraute göttliche Kreatur hat, genügend hingewiesen.«

Die göttliche Kreatur Pferd ist in der vom Ehrgeiz angenagten Leistungsreiterei, die allein ich im Auge habe, Sportgerät und Handelsware. Man redet vom Geld.

Von der göttlichen Kreatur kann man am kommenden Tag des Pferdes dann immer noch reden. »Vorolympisches Karussell mit Pferden – Reger Handel in der Reiterbranche« lese ich, während ich dies hier schreibe, in einer großen Münchner Tageszeitung. Für 300 000 Mark kaufte eine französische Sektfirma ihrem Doppel-Olympiasieger d'Oriola gerade noch rechtzeitig für München ein irisches Pferd und ließ es auf den Markennamen *Moet et Chandon* taufen. H. G. Winklers neue *Halla,* der Vollblüter *Terminus,* wurde von seinem Besitzer Klaus Wagner, man sagt für etwa 400 000 Mark, an einen Feuerwasserhersteller »verliehen«. Der neue Pferdename nennt ihn beim Namen: *Jägermeister.* Seinen *Enigk* schob Winkler ab nach Italien, zu Piero d'Inzeo. Den Vorwurf des Vaterlandsverrats, so kurz vor München 1972, mußte er nicht scheuen: *Enigk* sprang eh nicht so ganz standesgemäß.

Und wenn der *Spiegel* richtig gezählt hat, dann haben die Brüder Schockemöhle, Alwin und Paul, je 30 Pferde in ihren Ställen. Sie machen es wie weiland Rembrandt, der etliche Malkulis in seinem Atelier beschäftigte, deren unter seiner Aufsicht und Anleitung entstandenen Gemälden er dann sein goldträchtiges Signum gab. »Er kaufte«, schrieb der *Spiegel* im Mai 1971 von Alwin Schockemöhle, »Nachwuchspferde günstig ein, ritt sie zu und verkaufte sie nach preissteigernden Erfolgen wieder. Für das Pferd *Ferdl* bezahlte er 2100 Mark, an Preisgeldern brachte es ihm mehr als 100 000 Mark ein.« (*Donald Rex* 200 000 Mark.)

Bruder Paul, verschnupft über das Ausbleiben seiner Olympiachance trotz spektakulärer Senkrechtstart-Karriere, hängte den großen Springsport über Nacht an den Nagel und verkaufte seine besten Pferde für 650 000 Mark an einen reitsportfremden Häusermakler, der die Pferdenamen zur Immobilienwerbung benutzen will.

Alwin Schockemöhles Turnierstall kostet jährlich 120 000 Mark. So suchte sich Schockemöhle aus dem Veranstaltungskalender die vielversprechendsten Wettbewerbe heraus. Er bestritt an einem Turnier-Nachmittag vier Ritte und mehr. Seine springtüchtigsten Pferde verdienten durch Preise den Unterhalt für die Anlernlinge mit. In den namhaften Dressurställen geht es nicht viel anders zu.

Die göttliche Kreatur, sobald sie aus einem guten Stall kommt, wird zum goldenen Kalb, zu dessen Füßen die Zehntausender-Gebote sich überschlagen. Da vergessen selbst die Züchter ihre heiligsten Postulate vom Selektionswert des Hochleistungssports für die Pferdezucht. Auf der 1971er Frühjahrsauktion für Hannoveraner in Verden rauften sich zwei leistungssportlich unbedarfte Pferdefreunde um das Spitzenpferd des Angebots. Für den Wahnsinnspreis von 90 000 Mark, das Zehnfache fast des Durchschnittzuschlags, kam der eben erst angerittene Dreijährige unter den Hammer. »Das bedeutendste und schönste Verdener Auktionspferd aller Zeiten« – so der amtliche Katalogtext – verschwand im Stall eines Nürnberger Schrotthändlers. Als Statussymbol. Zum Spazierenreiten.

In den Kreisen der Military-Reiter war 1970 nach der Deutschen Meisterschaft in Luhmühlen das Wehklagen der Nachwuchsreiter groß: Kaum hätten hoffnungsvolle Talente die ihnen überlassenen Pferde für den großen Sport fit gemacht, da gingen die Besitzer auch schon her und verkauften ihnen die plötzlich ins Gerede gekommenen Tiere unterm Hintern weg. Aus Angst, die vierbeinigen Kapitalanlagen könnten sich, noch bevor man sie an den neuen Mann gebracht hat, auf einem dieser Rauhreiterkurse ein Bein, wenn nicht gar den Hals brechen.

Wie sehr auch in dieser Disziplin, die einmal aus schierer Freude am herzhaften Geländeritt entstand, mittlerweile der Sieg weit, weit vor dem Pferd rangiert, bewies die Military-Weltmeisterschaft 1970 in Punchestown. Als der Deutsche Bernd Messmann nach einem für Reiter und Pferd glimpflich verlaufenen Sturz aufgab, weil die schwere Strecke bei 40 Startern schon 41 Stürze verursacht hatte, da wurde ihm zu Hause in der Fachwelt kaum verhüllt der Vorwurf der Feigheit gemacht. In der Reitpresse titulierte man ihn ironisch als den Inhaber der »Military-Dressurmeisterschaft«, weil er nur in der Teildisziplin Dressurreiten erfolgreich gewesen war.

Klaus Wagner, einer der bekanntesten Namen in der Reiterei, nach der Deutschen Military-Meisterschaft 1970 in Luhmühlen: »Es werden in der Bundesrepublik zu viele Pferde kaputtgeritten, speziell in Luhmühlen.« Dazu Jasper Nissen, einer der bekanntesten Namen in der Reitsportliteratur: ». . . entbehrt sicher nicht eines wahren Kerns.«

Schon Schopenhauer mokierte sich über Menschen, die, wie ich, der Meinung seien, es müsse sich bei einem geschriebenen Wort doch auch etwas denken lassen.

Man mißversteht mich gründlich, wenn man aus diesen Zeilen herausliest, ich plädierte dafür, den lieben Pferden Zucker in die Rosette zu blasen und die Funktionäre der Reiterei in Zukunft nur noch aus dem Tierschutzverein zu wählen. Ich wollte nur die unerbittlichen wirtschaftlichen Zwänge aufzeigen, in die das Leistungspferd als Sportgerät der Leistungsreiter geraten ist. Der Spitzensport – fast jeglicher Couleur – pervertiert rapide zum Gladiatorentum. *Panem et circencis.* Die Spiele der Reiter sind das Brot der Pferde. Es ist das härteste Brot, das sie jemals aßen: Lorbeer. Menschlichkeit, Fairneß, Ritterlichkeit – das sind die Vokabeln der Festtagsredner. In den Arenen verdanken diese *homo ludens*-Atavismen ihr Leben mehr und mehr nur noch der Angst vor der Disqualifikation.

Ich kenne die internationale Segelszene ziemlich gut. In diesem Sport, der geradezu ein Synonym für *gentlemanlike* war, in dem traditionell jeder Steuermann sein eigener Schiedsrichter ist, weil sich seine Aktivität oft genug jedem Kampfrichterauge, jedem Konkurrentenblick entzieht, auch in diesem Sport beklagen die Fachblätter seit langem den Verfall der guten Sitten. »I bend the rules, you cheat!« – Ich lege die Regeln aus, du betrügst – so kennzeichnete eine der Seglerbibeln, die britische Zeitschrift *Yachting World,* den modernen Dialog unter Segelbrüdern beim Bojenrunden und beim Vermessen der Boote. Die großen Namen der internationalen Segelei, die Elvström, Libor, Beilken und Carter, schlagen als Händler, Segelmacher und Konstrukteure aus ihren Regattasiegen längst kommerzielles Gold.

Und nicht einmal hiergegen kann man etwas haben, wenn man olympische Medaillen, als zum nationalen Lustgefühl gehörig, wünscht. Ulli Libor, der Silber-

Nirgends wird der Sportgerät-Charakter des Pferdes deutlicher als in der Finishphase: Im Kampf um die Zehntelsekunde reiten die Matadore der Springgärten alle hochtönenden Grundsätze ihres Sports über den Haufen. Die Hohenpriester des Springsports täten gut daran, sich weniger über die fliegenden, auch im Pferdesport länger werdenden Haare der Reiter zu mokieren, als vielmehr über deren Motocross-Manieren. Was die Weltbesten Winkler (oben), Schockemöhle (Mitte) und d'Inzeo, von der Uhr gezwungen, hier demonstrieren, das ist geeignet, dem modernen Reiten vollends den nie aufgegebenen Anspruch zu nehmen, eine Kunst zu sein.

medaillengewinner im FD, einem besegelten BMW allenfalls unter seegehenden Ferraris, bezifferte die privaten Aufwendungen für seine Mexiko-Medaille untertreibend auf 50 000 Mark. Ein Schockemöhle muß pro Jahr schon 120 000 Mark aufwenden, nicht zuletzt, um für seinen Sport ein Reservoir an Pferden halten zu können, das ihn davor bewahrt, eines Pferdehustens wegen einem wichtigen Turnier nur am Fernseher beiwohnen zu können.
Das progressive Schicksal der Pferde dieser Reiter während der letzten 15 Jahre: Kamerad Pferd, Sportkamerad Pferd, Sportgerät Pferd, Werbeträger Pferd. Seine Seele ging irgendwo in der Mitte verloren.
Vor dem großen Zapfenstreich auf dem Dortmunder CHI-Turnier 1970 sprach der stets wohlmeinende, ritterliche Hans-Heinrich Isenbart zu Herzen gehende Sätze, die auf vielfachen Wunsch später in der Presse abgedruckt werden mußten: »... wollen wir daran erinnern, daß wir es in unserem Sport mit einem lebendigen Wesen zu tun haben, das ganz auf uns angewiesen ist, auf unseren Schutz und unsere Liebe ... Sein Vertrauen ist unsere Macht über uns, die Geduld ist der Zügel der Freiheit ...«
Und so weiter.

Der klassische Derby-Sieger – ein Feigling?

Ich bin in den traurigen Ruf geraten, gesagt zu haben, der klassische Derby-Sieger sei zwangsläufig der größte Feigling des ganzen Pulks. Wann immer mich dies Wort Feigling für ein Rennpferd, unter Berufung auf mich, aus den populären Gazetten anstarrte (und es starrte mich oft an), mußte ich an Hans-Joachim Kulenkampff denken, der zu Reportern, die ihn wieder einmal interviewen wollten, abwinkend gesagt hat: »Warum kommt ihr eigentlich noch zu mir? Ich kann sagen, was ich will, – ihr schreibt ja doch, was ihr für richtig, das heißt: wirksam haltet ...«
Ein Feigling als Rennsieger, das ist gut, Mann! Das hatten wir noch nicht, danach greifen die Leute!
Zuerst protestierte ich, aber was sind fünf versteckte Zeilen Leserbrief gegen eine Schlagzeile? Dann gab ich es auf. Hier nun endlich kann ich sagen, was ich sagte.
»Ob Pferde dumm sind«, so steht es als meine Aussage in der Mitschrift des SDR-Fernsehens, »weiß ich nicht. Man sollte sie auch nur an ihresgleichen messen.«
Das schon überhörten die meisten. Sie hörten nur das Wörtchen »dumm«, und damit hatte ich an ihrem Pferdestall eine veritable Tempelschändung vollzogen, die mir an die 200 schriftliche Proteste eintrug. Es hatte mir auch nichts genützt, daß ich, wieder laut Mitschrift, direkt anschließend sagte: »Ich weiß nur, daß ihr (der Pferde) Gehirn zwei Pfund wiegt, ihr Herz aber zwölf.« Dahinter stand die Überlegung, daß das Gewicht des Gehirns im Verhältnis zum Gewicht des Kör-

pers als Indikator für mentale Leistungsfähigkeit brauchbar ist und daß so besehen den 2 Prozent Hirngewicht beim Menschen weniger als 0,2 Prozent Pferdehirngewicht gegenüber stehen. Ich versagte es mir, zu meinem Glück, noch zu bemerken, daß diese zwei Pfund Pferdehirn in einem Kopf untergebracht sind, der knapp einen halben Zentner wiegt. Schließlich liebe sogar ich Pferde und möchte sie im Fernsehen nicht beleidigt wissen.

Ja, und dann kam's: »Bevor man ein Pferd dumm nennt, könnte man es eher feige nennen. Es ist als steppenbewohnendes Lauftier mit Herz und Hinterhand auf Flucht eingestellt.«

Es war mein erster Film, dieser über die Pferde. Ich lernte seither, daß ein konditionaler Konjunktiv im Fernsehen, abends um 20.15 Uhr, wenn das Erste Fernsehen mit dem Zweiten und alle beide mit der Verdauung der Zuschauer im Widerstreit liegen, glatt verschenkt ist.

Und dann liefen die Bilder von einem Galopprennen, und dies war mein Text dazu: »Ohne den Fluchttrieb des Pferdes wären Galopprennen niemals möglich. Es ist die kollektive Panik, die das Pferd vorwärtsreitet, nicht der Jockei. Er kann sein Pferd im Rennen weder anhalten noch beschleunigen. Er kann es nur taktisch verhalten. Gibt er ihm den Kopf frei, läuft es von selber, als ginge es ums Leben. Die Peitsche wird dem Pferd nur gezeigt, nur am Auge vorbeigeführt, um durch Angst der Ermüdung entgegenzuwirken. Und so siegt denn auch nicht das Pferd, das am besten kämpfen, sondern das Pferd, das am besten davonlaufen kann.«

Man wird zugeben: Bei aller Löchrigkeit dieser gegen den Sekundenzeiger geredeten Textpassage ist es von ihr doch noch ein weiter Weg zu der Schlagzeilenfassung, deren Autorschaft mir seither anhängt: »Der klassische Derby-Sieger – ein Feigling!«

Ich möchte zu dieser hübschen kollegialen Entstellung etwas sagen. Lady Wentworth – eine wohl von niemand bezweifelte Autorität auf dem Gebiet der Vollblutzucht – schrieb in ihrem hochberühmten Wälzer *Thoroughbred Racing Stock*: »Wir laugen unsere Zweijährigen aus (sap all their vitality from them), wir erschüttern ihre Füße (jar their feet), brechen ihnen das Herz und vernichten ihre Substanz, und dann wundern wir uns (daß die Pferde früher besser waren, heißt es dem Sinne nach weiter) . . .«

Mir geht es hier nicht um früher, mir geht es auch nicht um eine Diskreditierung der bewunderungswürdigen menschlichen Leistung Vollblutzucht, mir geht es allein um die von Lady Wentworth angesprochene Kraftanstrengung, die diesen Tieren abverlangt wird und für die man die Vokabel »Siegeswillen« benutzt.

Was bedeutet Sieg für ein Pferd?, fragte ich schon am Anfang dieses Buches. Und wann jemals hätten Säugetiere, außer den unter Populationsdruck auswandernden Lemmingen, ihr Leben in physischer Selbstvernichtung vollendet, wie sie in den Formulierungen der Lady Wentworth – einen »Siegeswillen« der Pferde mal angenommen – zum Ausdruck kommt? Denn nur die weise, den Körperkräften angepaßte Beschränkung der Streckenlänge hindert die Vollblüter daran, sich buchstäblich zu Tode zu rennen, so wirksam ist die Panik der Herde in ihnen. So groß ist ihr Kampfeswille, sagen die Turffreunde.

Es fällt schwer, an Bildern von Rennpferden in Aktion etwas zu entdecken, das sich als »Sieges-willen« interpretieren ließe. Und da auch die Vertreter dieser Interpretation schwerlich etwas Derartiges aus Gesicht und Körperhaltung der Pferde herauszulesen vermögen, vielmehr nur das Vorwärts dieser Tiere zum Beweis ihrer These vom »Siegeswillen« ins Feld zu führen haben, möchte ich ihre Aufmerksamkeit auf etwas lenken, das einer Diskussion wohl wert wäre: Alle Fotos, die Galopper im harten Rennen abbilden, zeigen fast ausnahmslos nach rückwärts gerichtete Pferdeohren.

Es scheint demnach nicht zweifelhaft zu sein, daß die angestrengteste Aufmerksamkeit der Rennpferde im Rudel nicht dem »Sieg« entgegengerichtet ist, wie es doch natürlich wäre, wenn die Pferde aus eigenem Willen »siegen« wollten, sondern nach rückwärts, zum »Verfolger« hin.

Ausnahmen von dieser Regel beobachtet man bezeichnenderweise bei Leitpferden, die das gesamte Feld zwischen sich und dem »Verfolger« wissen, überdies im Wildpferdrudel Erkundungspflichten haben.

Zumindest ist diese Deutung diskutierbarer als jene von der üblichen anthropomorphen Sorte, die ein namhafter Turfberichter gab, als der Zoppenbroicher Hengst Cortez im Preis von Europa 1970 siegte: »Er spitzte bereits 50 Meter vor dem Ziel die Ohren: Der Sieg ist unser!«

Es wäre, »Siegeswillen« einmal angenommen, nur natürlich, die Aufmerksamkeit auf den vorn liegenden Gegner zu richten, den es niederzukämpfen gilt. Schließlich noch: Die Blickrichtung der Pferdeaugen, so sagen die Physiologen, ist stets analog der Stellung der Ohren. Demnach wären also die wichtigsten Sinne der Rennpferde nach rückwärts gerichtet.

Wer an die von mir (und nicht nur von mir) angenommene »kollektive Panik«, an die durch züchterische Selektion nur verdrängte Urangst des »hochspezialisierten Fluchttiers der Grassteppe« als dem tierpsychologischen Hintergrund des Galoppsports nicht glaubt, der muß etliche Fragen beantworten: Warum ist es harte körperliche Arbeit, ein Rennpferd im Tempo zu verhalten, und warum ist es in der Regel unmöglich, es aus dem Pulk herauszureiten? Warum gehen Steepler, deren Reiter aus dem Sattel kommen, wider ihre natürliche Lauftier-Veranlagung, wie Senator Tesio sagt, mit dem Feld weiter über die Hindernisse, wenn nicht die kollektive Panik der Herde sie mitrisse?

Warum gibt es im Hindernisrennen die von den Jockeis so gefürchtete Manie der Pferde, sich im Pulk springend vom Boden abzuschnellen, nur weil die andern, eine halbe Länge weiter vorn liegenden Pferde sich ebenfalls abschnellen, obwohl das etwas zurückliegende Pferd sich mit diesem selbstmörderischen Verhalten oft genug ins Hindernis hineinstürzt statt drüber hinweg? Spricht das nicht eher für die vielgelästerte kollektive Panik der Herde statt für die vielgerühmte Intelligenz der Vollblüter (die unbestritten ist, die nur nicht für alles und jedes kritiklos-anthropomorph als Beweis herangezogen werden sollte)?

Viele Hindernispferde scheitern nicht an der Hürde, sondern an dieser Gruppenpanik, die im Pulk wirksam ist: Im Zustand hochgradiger Erregung bricht im Haushund leicht der Wolf, im Hauspferd das Steppentier durch. Die Steepler taxieren dann nicht mehr. Oft genug springen sie schräg zur Hürde, anderen Pferden in den Weg. Mit geistiger Präsenz ist das schwer vereinbar. Es zeigt vielmehr wiederum, meine ich, die Artfremdheit des Pferdesprungs, der eine, an der Evolution gemessen, lächerlich kurzzeitige Anpassung an menschliche Wünsche darstellt und deshalb zu seiner auch nur einigermaßen ungestörten Entfaltung reiterlicher Einwirkung bedarf. Der Parcourssprung der Springreiter, der die Gruppenpanik eliminiert, hat in der Isolation des Springpferdes von der Herde sein einziges humanes Element. Denn werden Hindernisse einer panisch flüchtenden Herde in den Weg gestellt, dann bricht die im Erregungszustand unbewußt ablaufende Gangmechanik der Pferde leicht zusammen. Während im Flachrennen die Panik (soweit sie heute aus dem Erbgedächtnis der Pferde noch aufsteigt) sich artgemäß, also in gestrecktem Galopp über ebenen Boden, ausleben kann und Stürze deshalb so gut wie niemals vorkommen, fielen 1928 in Aintree, beim Grand National, alle Pferde des großen Feldes an einem einzigen Hindernis. Bis zu diesem Massensturz am *Canal Turn* hatte der Favorit *Easter Hero* geführt. Er sprang zu früh und landete bäuchlings auf der Hürde. Der Fehler des Leittiers multiplizierte sich zum Chaos. Das ganze Rudel stürzte ins Verderben.

Bis auf *Tipperary Tim,* einen Nachzügler aus Körperschwäche, der abgeschlagen am Rand der Gruppenpanik lief, daher lenkbar blieb, einzeln sprang und – siegte!

Im Grand National von 1940 lief vor dem Sieger *Bogskar* das reiterlose Pferd *National Night* durchs Ziel. Die Fachwelt interpretierte es auf ihre Weise. »Ein vollblütiges Rennpferd«, sagte Mirabel Dorothy Topham, die heute 80jährige Managerin des unmenschlichsten Spektakels in der Welt des modernen Sports,

»liebt die Hürden und den Wettbewerb, was sich schon daran zeigt, daß Pferde, die ihren Reiter verloren haben, oft aus schierer Freude (pure joy) am Rennen weiterlaufen und alle Hürden nehmen.«
Ich sah niemals unsere schreibenden Pferdesportler sich entrüsten über den fröhlichen Zynismus dieser die blutige Geschichte des modernen Grand Nationals beherrschenden Frau, eines Revuegirls der zwanziger Jahre. Mehr als 300 Pferdekadaver, die aus der 130jährigen Geschichte dieses jedes Jahr im März ausgetragenen Hindernisrennens zum Himmel stinken, werden leichthin mit der ethologisch mehr als fragwürdigen These von der schieren Rennfreude eines Pferdes glorifiziert, das nur die Peitsche über dem dichtauf folgenden Sieger im Auge, nicht aber das Reitergewicht des Konkurrenten im Rücken hatte.
Warum überhaupt zeigen die Jockeis im Finish den Pferden die Peitsche, die diese Tiere, die besten jedenfalls, niemals (oder etwa doch?) körperlich zu spüren bekommen? Und da sie die Peitsche demnach nicht in schmerzhafter und also wirkungsvoller Erinnerung haben können, sind vielleicht doch die Ethologen im Recht, die vermuten: Das Vorbeiführen der Peitsche am Auge des Pferdes signalisiere dem Tier als drohenden Schatten den schon ganz nahen Verfolger (wenn nicht gar den Wolf schon auf dem Rücken) und heize somit erneut die Angst an, die durch Kräfteverbrauch im Abklingen ist.
Ich möchte noch etwas zu bedenken geben. Man sieht in der Tatsache, daß Pferde sich im Finish noch einmal langmachen, wiederum vielerorts »Siegeswillen«. Ich bin da vorsichtiger, seit ich von Heini Hediger, dem Zürcher Zoodirektor, weiß, was ich während meiner Dreharbeiten mit Raubkatzen bestätigt fand: daß es bei ihnen im Zentralkäfig in der Form des Postaments ein »Heim zweiter Ordnung« gibt (dem Wohnkäfig nachgeordnet). Löwe, Tiger, Leopard streben ihm zu, weil sie dort oben ihre Ruhe finden vor der Peitsche des Dompteurs. Nur auf dem Postament putzen diese Großkatzen sich im Zentralkäfig, nur hier sind sie also entspannt. Nur hier, im psychologisch entspannten Raum, ist Dressur möglich, weil es nur mit Hilfe dieser Ruhepunkte möglich ist, sich feindlich zueinander verhaltende Tierarten in kluger Organisation ohne brutalen Zwang miteinander vorzuführen.
Wer nun sagt uns, daß der Zielpfosten für die Galopper nicht ein solches »Heim zweiter Ordnung« ist, dem sie mit letzter Kraft zustreben, wenn die durch die Jockeis deutlich markierte Finishphase anhebt? Sie könnten aus Erfahrung wissen: Dort hinten, am nahen Ende dieser Phase, ist Ruhe und Schutz – für ein Pferd der einzige Gewinn in einem Wett-Rennen, möchte ich meinen. Nur hier, im psychologisch entspannten Raum, kann man sie relativ leicht anhalten.
Ich hätte gern *Tetrama,* den großen Sohn von *The Tetrarch,* befragt, warum er wohl tat, was sein Jockei, der Australier R. Carslake, von ihm berichtet: »Er flog zum Ziel! Wenn er den Siegespfosten passierte, stieß er eine Art von tiefem und langem Seufzer aus . . .«
Auch Lester Piggot, Englands Meisterjockei, meditierte im Londoner *Observer* über den Herdenfluchtcharakter als dem Hintergrund, auf dem moderner Galoppsport erst möglich wird. Piggott sieht die reiterliche Leistung des Jockeis darin, daß er ein Pferd aus der Mitte der Herde, die Schutz vor dem Verfolger

bietet, an die Spitze zu reiten versteht, wohin das flüchtende Pferd nicht unbedingt möchte. »Es entspricht wohl der Natur des Pferdes«, sagt er, »im Galopp zu rennen, nicht hingegen, geritten zu werden.«
Aber welchen Schutz bietet die Rudelmitte, wenn jedes einzelne Pferd den hetzenden Wolf schon als Schatten im Auge, wenn nicht gar als Reiter auf dem Rücken hat?
Da siegt halt, wer vor ihm am schnellsten davonlaufen kann.

Säbelzahntiger à la mode

Es hat mir viel Kritik eingetragen, daß der *stern* meinen Springsport-Artikel überwiegend mit ein paar auch in diesem Buch anzuschauenden Fotos von schweren Stürzen im *Grand National* eröffnete, dem schwersten Hindernisrennen der Welt. Es geschah zwar ohne mein Wissen, doch muß ich sagen: Der Fauxpas ist mehr sportformalistischer Natur. Es ist einem Pferd gleichgültig, ob es unter einem roten Tuchrock oder unter einem seidenen Renndreß zuschanden geritten wird. Ein Steepler ist kein Jumper, gewiß. Aber ein Beinbruch ist hier wie dort ein Beinbruch, der in der Regel bei Pferden zum Tod führt.

Ich kann mir nicht helfen: die Entrüstung der Experten wegen dieser vor allem räumlichen Inkongruenz von Bild und Text erinnert mich stark an einige Gerichtsbeschlüsse aus jüngerer Zeit, mit denen Anwälte am Plädieren gehindert wurden, weil sie entweder ohne Robe oder mit einer ein wenig reißerisch geschnittenen auftreten wollten.

stern-Redakteure sind keine hippologischen Fachleute, doch bezweifle ich, ob sie bei aller journalistischen Verve, die ihnen eigen ist, zu einem Stückchen Schreibe fähig wären, wie ich es von einem führenden deutschen Fachjournalisten zu lesen bekam. Voll der erhebenden Bilder, die er 1970 in Aintree, dem *Grand-National*-Schlachtfeld, durch eigenen Augenschein sammeln konnte, schrieb er in seinem Bericht: »*Racoon* (Waschbär) – einer seiner Besitzer trug zur Feier des Tages extra einen langen Waschbärmantel – blieb nicht auf den Beinen. An Hindernis 3 fiel er und brach sich das Genick. Bei aller Skepsis gegenüber dem immer wiederkehrenden Geschrei der Boulevard-Zeitungen und Tierschützer: Wenn Pferde so fragwürdiger Qualität das Feld verunsichern dürfen, sind Rufe nach einer Zulassungsreform sicher berechtigt.«

Die geschmacklose Kaltschnäuzigkeit dieses Nachrufs, die sich am – dort passablen – Jargon der Motorsportjournalisten orientiert, ist sehr wünschenswert, enthüllt sie doch die Hybris des Zuchtgedankens, der diesen und anderen mörderischen Hindernisrennen zur Rechtfertigung vor einer weithin ablehnenden Öffentlichkeit dienen muß. Man verheizt besten züchterischen Gewissens die Pferde reihenweise mit dem Hinweis, daß nur schärfste Auslese die Qualität des »Pferdematerials« von heute sichere. Der Sieger – oder, wenn's ein Wallach ist, der Vater – zur Stute, der Gestürzte zum Abdecker. Die tückischen, in höchstem Maße unfairen Sprünge von Aintree, die im Durchschnitt nur jedes siebente Pferd beendet, als Ersatz für den Säbelzahntiger, der in Urzeiten die Pferde »fragwürdiger Qualität« von den Beinen riß. Vergessen ist längst, daß dieser »Stierkampf von Liverpool« früher mehrfach von Bauernpferden gewonnen wurde und daß zwei der Sieger auf Tingeltangel-Bühnen landeten, wo sie einen dummen August, glaube ich, in einen Wassergraben zu werfen hatten – zum Gaudium eines Publikums, das dem heutigen von Aintree nicht allzu unähnlich gewesen sein dürfte – bürgerlich oder königlich.

Was aber am entlarvendsten ist: In kaum einer dieser Veröffentlichungen ist ein Unterton des Stolzes zu überhören, den die Verteidiger solcher harten Prü-

fungen angesichts dieser erbarmungslosen, mit dampfenden Pferdekadavern bezahlten Härte offenbar empfinden. Ganz so, als fiele ein Abglanz dieser Härte auch auf sie, die da am Rande der Bahn artig die steifen Hüte vor aufgetakelten Damen lüften, während sie das Reiten bezahlten Gladiatoren und das Knochenbrechen den Pferden überlassen. »Diese Gefühlsduselei der Kritiker des *Grand National* geht mir auf die Nerven«, klagte Mirabel Topham, in deren Besitz der Rennplatz von Aintree sich befindet, indigniert und des Beifalls ihrer internationalen journalistischen PR-Macher damals wie heute sicher. Der Rennplatz wird nun mit mehr Komfort für das Publikum – 250 000 Köpfe pro Rennen – und mit neuen Geschäfts- und Vergnügungsbauten noch attraktiver gemacht. Kostenpunkt des Aufputzes: 170 Millionen Mark.

Ich stehe weiß Gott nicht im Ruf einer sentimentalen Tierbetrachtung, die gemeinhin den Tieren auch mehr schadet als nützt. Aber hier muß die Frage erlaubt sein, zu welchem anderen Zweck als dem der Befriedigung menschlicher Sensations- und Wettlust diese Genickbruchsprünge denn gut sein sollen? Nicht einmal der engagierteste Springfanatiker wird die Behauptung wagen, die Steepler-Fortbewegungsweise* befände sich im Einklang mit dem natürlichen Gangablauf eines Pferdes. Sie ist so widernatürlich und erzwungen wie der Renntrab. (Es ist des Nachdenkens wert, daß man in der Pferdezucht zu wissen meint, Traberblut vererbe Springanlage.) Das natürliche Pferd hat eine Anatomie entwickelt, die in Harmonie lebt mit der durch das Nahrungsangebot bedingten Spezialisierung zum Fluchttier der offenen Grassteppe. Allein der Renngalopp ist, im Extrem, seine natürliche Fortbewegungsweise.

Die Genetiker und Stammesgeschichtler mögen sagen, ob hier nicht auch das paläontologisch gefundene Dollosche Gesetz von der Nichtumkehrbarkeit der Entwicklung Platz greift. Man hat nach dieser Irreversibilitätsregel in jeder Spezialanpassung zu Leistungszwecken eine evolutionäre Sackgasse zu sehen, aus der es keinen Weg zurück gibt, auch nicht teilweise, in einen Zustand, der schon in der Reihe der Vorfahren verwirklicht gewesen ist. Im unteren Oligozän, vor 40 Millionen Jahren, nahm mit wachsender Widerristhöhe der Pferdeahnen und dem Aufwärtswandern des Schwerpunkts die Gelenkigkeit der Beine stark ab; sie wurden nun auch mehr in der Längsachse des Körpers bewegt. Aus dem wohl springtauglichen hundeartigen Laubfresser mit Ballen und Zehen, elastischem Rücken und stark gewinkelter, überbauter Hinterhand wurde (nach de Beer/Trumler) der sich an den versteppenden, härter werdenden Boden anpassende Einhufer Grasfresser. Eine auch nur partielle Entwicklung zurück, in Richtung auf die Urform, zur Rücken- und Sprunggelenkelastizität, ist nach dem Dolloschen Gesetz undenkbar. Es wird durch kluge Selektion, vor allem aber durch Leistungstraining, immer Pferde geben, die unter Anstrengung springen können, mehr oder weniger. Es wird jedoch, glaube ich, niemals *Spring*pferde geben in Gestalt einer beliebig reproduzierbaren Subspezies, wie uns Auktionskataloge gern glauben machen möchten. Der methodische Zuchtbeweis jedenfalls fehlt bis auf den heutigen Tag. Spektakuläre Erfolge halten sich mit ebenso spektakulären Mißerfolgen (den *Halla*-Kindern, zum Beispiel) die Waage.

Es ist auch nicht die Natur des Weidegängers Pferd, die Bedarf an großem

** Steeple, englisch für Kirchturm, der früher das ferne Ziel solcher Hindernisrennen war.*

Springvermögen hat. Es ist die auf Nervenkitzel und Rekordlust gerichtete Natur des Menschen, die Bedarf an solchen Ausnahmetieren hat. Dem Zuchtgedanken, der Selektion also von starken, leistungsfähigen Hengsten und Stuten zur Gesunderhaltung der modernen Sport- und Gebrauchspferdrassen ist durch die Prüfungen auf den Flachrennbahnen, in den Dressurvierecken und in human gebauten, der Pferdeanatomie Rechnung tragenden langlinigen Sprunggärten vollauf Genüge getan.

Hätte ich, der hippologischen Häresie angeklagt, ein Schlußwort zu sprechen, dann wäre es dies: Man kann hierzulande und anderswo ein Pferd nicht ungestraft dumm nennen, doch kann man es, unter dem naiven Beifall der Menge, zuschanden reiten.

Nachwort des Verlages zur neubearbeiteten Auflage

Während die hippologische Fachpresse auf dieses Buch mit zögernder Diskussionsbereitschaft ebenso wie mit feindseliger Ablehnung reagierte, nahmen es Presse und Rundfunk ganz überwiegend positiv auf. Die Leser steuerten in vielen Zuschriften an Verlag und Autor eine Reihe von eigenen glaubwürdigen Erlebnissen aus dem Turniersport bei, die geeignet sind, Sterns Behauptungen vom verbreiteten Mißbrauch der Sportpferde zu stützen, die sie in manchem an Kraßheit sogar weit überbieten. An dieser Stelle ist der Abdruck nur einer einzigen Leserstimme möglich, freilich einer von großem fachlichem Gewicht. Sie stammt von Dr. med. vet. V. Matoušek, dem Veterinär des seit 1579 bestehenden berühmten Gestüts Kladubry an der Elbe. Der tschechische Pferdeforscher schrieb uns:

»Die Stimme eines Mannes, der einen Namen hat, kam im richtigen Moment: ›Sterns Bemerkungen über Pferde‹ sind ein Jahr vor den Olympischen Spielen in München erschienen.
Es ist sehr wichtig und auch nicht uninteressant, daß es gerade ein westdeutscher Autor war, der so großen Mut hatte, der Weltspitze der Reiter und der staunenden Zuschaueröffentlichkeit einen Spiegel zu zeigen. Der Spiegel lügt nicht. Man sieht plötzlich die Arenagötter ohne Nimbus. Man liest von ihrem Amateurstatus, von den Pferdegeschäften. Ist das wirklich noch Sport?
Ich habe einige große Reiterfeste in Europa besucht. Zum Beispiel Aachen, das Grand National in Aintree und sein kontinentales Gegenstück, die große Steeple-Chase von Pardubitz, und andere. Der Abreitplatz während der großen Springturniere war für mich oft interessanter als der Parcours (meine Familie und ich, wir reiten alle, auch in Wettbewerben). Bei der Beobachtung der Reiter auf dem Abreitplatz ist es möglich, die ›Insterburger‹ genannten Maulrisse und die zu kurzen Martingales in voller Funktion zu sehen. Dort kann man sogar fühlen, nicht nur bemerken, welche schrecklichen Sachen nach Meinung mancher Reiter für einen Nullritt oder für den Sieg im Stechen notwendig sind, wie teuer ihnen der Zuschauerbeifall ist und wer diesen womit bezahlt.
Alle Reiter mit Takt und Gefühl waren der FEI sicher sehr dankbar für das Verbot der Eisenstangen auf den Hindernissen der Abreitplätze, für die 10-Minuten-Pause nach der zweiten Wegstrecke, für das Verbot des Springens im Parcours mit Hilfszügeln. Aber für manche Leute genügt das vielleicht nicht.
Horst Stern schreibt über die Zwischenfälle in Avandaro, Punchestown, Le Pin. Warum müssen ›die besten Freunde des Menschen‹ mit ihrer Gesundheit oder sogar mit ihrem Leben für die widersinnigen Einfälle der Autoren dieser Querfeldeinstrecken zahlen?
Es ist vielleicht auch Sterns Buch zu danken, daß alle Pferdeliebhaber Herrn Pohlmann zu der von ihm gebauten Querfeldeinstrecke in München gratulieren konnten. Kein ernster Zwischenfall während der Olympiade 1972 in der Militaryprüfung. Bravo! Hoffentlich wird diese Tendenz auch in den folgenden Jahren fortgesetzt.
Horst Stern macht uns in seinem Buch auch auf einige physiologische Pferdeprobleme aufmerksam. Seine Deduktionen auf diesem Gebiet sind wenigstens diskutierbar. Der Schwerpunkt des Buches liegt aber in seinem ethischen Gehalt.

Es ist heute möglich, große Mengen von Büchern in allen Weltsprachen über die physiologischen Pferdefragen zu studieren, aber nur ein einziges Buch behandelt die Tierquälerei im modernen Pferdesport. Jeder Pferdeliebhaber muß Horst Stern dafür dankbar sein.«

Aber auch westeuropäische Fachleute bekannten sich zu Sterns Attacke gegen die Ausbeutung des Sportpferdes. Der weltberühmte ehemalige Chef der Spanischen Reitschule in Wien, Alois Podhajsky, und der Chef des Schweizer Nationalzirkus, Freddy Knie, der als der bedeutendste Pferdelehrer der Gegenwart gilt, stellten sich dem Autor spontan für einen neuen Fernsehfilm zur Verfügung. Darin wird die schonende Dressur des Pferdes auf der Grundlage natürlicher Verhaltensweisen gezeigt, wie sie der ebenfalls mitwirkende Ethologe Dr. Klaus Zeeb an den Primitivpferden des Herzogs von Croy in Dülmen studierte. Knie und Podhajsky sprechen in diesem Film herbe Worte der Kritik auch in Richtung der Dressurreiter, die oft mangelndes Können und Wissen durch knebelnden Zwang ersetzen. Der in diesem Film ebenfalls reitende Schweizer Springchampion Paul Weier, ein Schüler Knies, teilt Sterns Auffassung von der Pferde verschleißenden Tendenz des internationalen Turniersports zu immer häufigerer »Hochhausspringerei«: »Dabei gehen alle Pferde früher oder später im Rücken kaputt.« Analog dazu diskutierte man in der deutschen Fachzeitschrift HIPPOLOGICA Möglichkeiten, dem Springsport seinen verlorengegangenen Jagdcharakter zurückzugeben, die Linien der Sprunggärten länger und damit beinschonender zu machen und mehr auf flüssigen Galopp über niedrigere Hindernisse bedacht zu sein als auf eine Steilhochspringerei fast aus dem Stand.
Es ist auch eine kaum zu bestreitende Wirkung dieses Buches, daß unter dem Druck einer von ihm mißtrauisch gemachten Öffentlichkeit die Dachorganisation der deutschen Reiterei in Warendorf einen Ausschuß ins Leben rief, in dem neben Veterinären und dem Praktiker H. G. Winkler zum erstenmal auch ein Verhaltensforscher sitzt: Dr. Klaus Zeeb vom Tierhygienischen Institut Freiburg. Dieser Ausschuß soll insbesondere Mißbräuche der Pferde auf den Abreitplätzen der großen Turniere verhindern und das Reglement den zu ermittelnden Leistungsgrenzen der Tiere anpassen.
Aus Korrespondenzen wurde dem Verlag bekannt, daß auch die Zoologie sich nunmehr der in diesem Buch aufgeworfenen Fragen annimmt, etwa der Sehweise der Pferde im Hinblick auf ihren nicht artspezifischen Gebrauch im Parcours. Das neue Tierschutzgesetz verbietet mittlerweile auch den Nervenschnitt, der Hufkrankheiten nicht heilt, sondern nur vertuscht.
Schließlich noch ist daran zu erinnern, daß mehrere der berühmten Pferde, die auf der internationalen Turnierbühne eine Starrolle spielten und auch in diesem Buch zum Teil genannt sind, fast über Nacht durch unzeitigen Tod, Verletzung oder Invalidität aus den vor- und nacholympischen Schlagzeilen verschwanden: Jägermeister, Donald Rex, Moet et Chandon, Wimpel, High and Dry, Robin Hood – um nur die namhaftesten zu nennen. Das so willig die Sieger von gestern beklatschende Parcourspublikum hat sie vergessen und applaudiert einer neuen vierbeinigen Gladiatorengeneration.

Fotonachweis

Tierbild Okapia, Frankfurt: 1 Dia (Umschlag)
Anthony-Verlag, Starnberg: 1 Dia, 1 Schwarz-Weiß
Bilderdienst Süddeutscher Verlag, München: 1 Schwarz-Weiß
Archiv Deutsche Wochenschau, Hamburg: 22 Schwarz-Weiß
Werner Ernst, Heide: 2 Schwarz-Weiß
Keystone KG, München: 2 Dias, 1 Schwarz-Weiß
Mauritius-Verlag, Mittenwald: 2 Schwarz-Weiß
Sven Simon, München: 1 Schwarz-Weiß
Stern Magazine, London: 3 Schwarz-Weiß
Archiv SDR, Stuttgart: 49 Dias
The Associated Press, GmbH, Frankfurt: 1 Schwarz-Weiß
Fritz Valerius, Augsburg: 1 Dia
Peter Wickmann, London: 2 Schwarz-Weiß
Margrit Wunsch, Basel: 3 Schwarz-Weiß
Zentrale Farbbild Agentur, Düsseldorf: 4 Dias

In gleicher Ausstattung sind erschienen

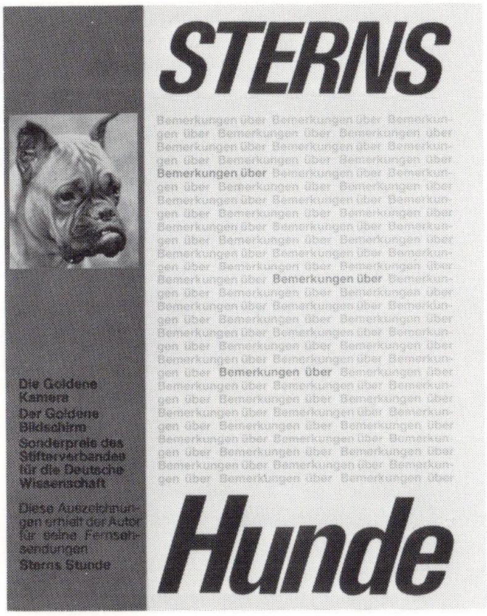

Sterns Bemerkungen über Hunde

Für manche Hundenarren schockierend: das wölfische Erbe dieser domestizierten Raub- und Lauftiere. Stern zeigt die Wolf-Sequenzen mit Verhaltensstudien von seltener Eindringlichkeit. Der Hundehalter findet nachahmenswerte Anleitungen zur Dressur.

Sterns Bemerkungen über Bienen

Die Bienen und ihr nach dem Prinzip »Arbeitsteilung« geordnetes Staatswesen – faszinierende neue Erkenntnisse werden mitgeteilt, wie etwa die menschliche Königinnenzucht und die künstliche Besamung.

»Wissen ist die einzige menschenwürdige Grundlage für ein Leben mit Tieren.« Diese Formulierung Horst Sterns steht über seinen fasziniert und faszinierend geschriebenen Berichten, die für das Verhältnis zwischen Mensch und Tier neue Markierungen setzen.

Kindler Verlag

7–5–8–10–4